SUNY Korea 미래연구원 원장, 미래창조과학부 미래준비위원회 위원 등을 역임했으며, 현재 아시아미래인재연구소 소장, 세계전문미래학 자협회APF 이사로 활동 중이다.

그는 개인과 기업과 우리 사회가 현실을 통찰하고, 더 나은 미래, 바람직한 미래를 창조해갈 수 있도록 세계 최고의 미래 예측 능력을 발휘하고 미래 전략을 지원하는 것을 소명으로 생각하고 있다. 현재 미국, 한국, 중국 등을 오가며 미래 예측 기법, 미래 전략 경영, 미래 모니터링, 워-게임, 시스템 사고 등을 바탕으로 정부기관과 국내외 대기업, 비영리단체, 그리고 개인을 대상으로 미래와 관련된 예측, 자문, 교육 활동을 하고 있다.

총 50여 권의 책을 출간할 정도로 왕성한 연구 및 저술 활동도 하고 있다. 그의 대표적 미래예측서인 《2030 대담한 미래 1, 2》《제4의 물결이 온다》《앞으로 5년 미중전쟁 시나리오》《앞으로 5년 한국의 미래 시나리오》《부자의 시간》《Futures Report》 등은 한국에서 경영자와 각 분야의 리더를 비롯한 다양한 독자층에게 큰 사랑을 받아 널리 읽히고 있다. 《2030년 부의 미래지도》《2020 부의 전쟁 in Asia》 등은 중국과 일본에서도 출판되었으며, 특히 《2020년 부의 미래지도》는 출간 직후 일본 아마존 종합베스트셀러 1위를 차지했다. 그는 아들 쌍둥이를 포함한 네 아들의 아빠다. 다섯 남자와 한 여자가 함께 만들어갈 가슴 뛰는 미래를 상상하는 즐거움은 그가 가진 또 다른 삶의 원동력이다.

'미래통찰 보고서' 구독 및 강연 문의:
duacnszz@naver.com / 010-3444-0910
유튜브: 최윤식, 최현석 TV

엔데믹 빅체인지 7

엔데믹 빅체인지 7

1판 1쇄 인쇄 2022. 6. 30.
1판 1쇄 발행 2022. 7. 7.

지은이 최윤식

발행인 고세규
편집 심성미 디자인 조은아 마케팅 백미숙 홍보 이한솔
발행처 김영사
등록 1979년 5월 17일(제406-2003-036호)
주소 경기도 파주시 문발로 197(문발동) 우편번호 10881
전화 마케팅부 031)955-3100, 편집부 031)955-3200 | 팩스 031)955-3111

값은 뒤표지에 있습니다.
ISBN 978-89-349-6167-3 03320

홈페이지 www.gimmyoung.com   블로그 blog.naver.com/gybook
인스타그램 instagram.com/gimmyoung   이메일 bestbook@gimmyoung.com

좋은 독자가 좋은 책을 만듭니다.
김영사는 독자 여러분의 의견에 항상 귀 기울이고 있습니다.

엔데믹 빅체인지7

최윤식 지음

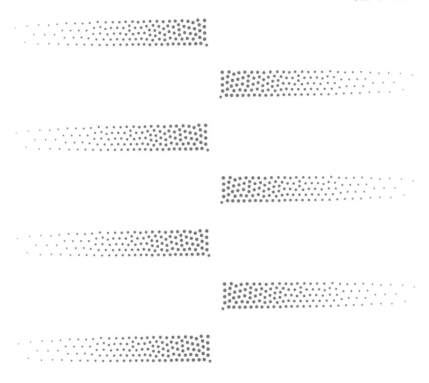

미래학자 최윤식의 팬데믹 이후 미래 시나리오

BIG CHANGE

김영사

머리말

2020년 1월 11일부터 2021년 12월 13일까지 2년간 신종 코로나바이러스19 팬데믹으로 전 세계에서 발생한 공식 사망자는 약 542만 명이었다. 2022년 6월 현재 한국의 코로나19 감염 누적 사망자는 2만 4천 명, 치명률은 0.13%로 강력한 계절성 독감의 치명률보다 높았다.

세계보건기구wHO는 지난 2년 동안 인류가 겪은 고통은 더 컸을 것이라고 추정한다. 공식 누적 집계에서 누락된 비공식 사망자, 숨겨진 사망자, 의료 시스템의 붕괴로 발생한 간접 사망자 등을 합하면 적게는 1,330만 명, 많게는 1,660만 명까지 코로나19 관련 사망자가 발생했을 것이라고 추정한다. 인도 정부는 2020년 1월 11일부터 2021년 12월 13일까지의 사망자 수가 48만 1천 명이라고 공식 발표했지만 WHO는 같은 기간 인도의 코로나19 관련 사망자 수를 330만~650만 명 정도로 추산하기도 한다.

분명 코로나19 팬데믹은 1918~1919년 스페인독감 팬데믹 이후 발생한 인류 최대의 재앙이다. 지난 2년 동안 인류 전체가 정보, 지식, 지혜와 기술을 총동원해서 코로나19 종식을 위해 각고의 노력을 기울였다. 하지만 실패했다. 최악의 상황은 가까스로 벗어났지만 인류는 코로나19와 영원히 공존해야 할지도 모른다. 이를 '엔데믹 시대'라고 한다.

미래학자로서 엔데믹 시대를 전망해달라는 요청을 많이 받았다. 이 책은 그간 받은 요청에 대한 필자의 대답이다. 엔데믹 시대에 일어날 변화를 총 7개의 단어로 정리했다.

① 변혁 Transformation

② 그리드락 Gridlock

③ 스탠딩 웨이브 Standing Wave

④ 파에톤의 추락 The Fall of Phaeton

⑤ 신대항해 시대 New Age of Exploration

⑥ 생존학습 Survival Learning

⑦ 3무 三無

같은 맥락 내에 있는 단어도 있고 상반되는 단어도 있다. 어떤 단어는 희망적이지만, 어떤 단어는 비관적이다. 그만큼 엔데믹 시대에 펼쳐질 미래가 변동성이 크고 역동적이라는 말이다. 7개의 단어는 한국은 물론이고 글로벌 사회 전체에서 일어날 변화를 담은 것이다.

필자가 분석하기에도 코로나19는 단일 변수이지만 그 여파가 컸고 많은 변화를 가져왔다. 중세 페스트와 1918~1919년 스페인독감이 그랬듯이, 코로나19 대재앙도 한국과 세계의 정세 변화에 지대한 영향을 주고 있다.

그렇다고 해서 엔데믹 시대 그 자체가 단독으로 떨어진 미래는 아니다. 코로나19 대재앙 이전부터 시작된 미래 방향과 연결된다. 다만 코로나19라는 대재앙의 충격이 너무 크기 때문에 미래 방향이 일부 수정되거나, 이미 정해진 미래가 다가오는 속도가 빨라지고, 그에 따라 변동성의 폭이 커지면서 새로운 게임의 경쟁을 복잡하고 치열하게 만들기 시작했다.

필자가 언급한 7개의 단어가 엔데믹 시대에 미래 불확실성을 돌파하려는 독자들의 통찰력을 조금이나마 향상시킬 수 있다면 이 책을 낸 소기의 목적은 달성한 셈이다.

필자의 예측과 시나리오에 관심을 쏟으며 격려와 지지를 열렬히 보내주시는 독자들에게 당부를 전한다. 필자가 발표하는 예측이나 시나리오들은 필자가 이전에 발표한 시나리오를 일부 포함하고 있다. 여기에는 3가지 이유가 있다.

첫째, 한 명이라도 더 많은 독자에게 미래 통찰력을 전달하기 위해 다양한 관점과 주제를 가지고 집필하기 때문이다. 한국의 미래, 글로벌 정세, 메가 트렌드, 미래 산업, 투자, 인재의 조건 등의 주제를 다룰 때 관심사가 각기 다른 오피니언 리더, 학부모, 대학생, 청소년, 어린이 독자 모두를 만족시키기는 어렵다. 각양각색의 독자들을 위해, 같은 미래라도 전혀 다른 관점에서 기술하는 시도를 계속한다. 이런 과정에서 시나리오 일부가 겹칠 수밖에 없다. 같은 주제의 원고를 리더, 학부모, 청소년, 어린이, 청년 등 다양한 독자층에 맞춰서 재기술하는 것과 비슷하다.

둘째, 하나의 시나리오는 다른 시나리오의 배경이나 설명을 위한 자료로 사용되기 때문이다. 필자가 최대한 표현 방식을 바꿔서 기술하더라도 독자의 입장에서는 시나리오가 재사용되는 것으로 인식할 수 있다.

셋째, 필자의 시나리오는 일정한 주기로 크고 작은 최적화 optimizing 과정을 거친다. 필자는 세상의 변화를 읽기 위해 매일 '정보 필터링, 정보 연관화, 정보 확장화, 정보 재구조화' 작업을 반복적으로 순환한다. 그 과정에서 의미 있고 중요한 변화, 혹은 미래 신호를 감지하면 시나리오 수정과 업데이트를 주기적으로 한다. 필자는 예언자가 아니다. 세상은 실시간으로 변화하며, 시간이 지나면 어제와 다른 변화를 알려주는 미래 신호들이 출현한다. 경제나 투자는 이런 변화가 가장 심한 영역이다. 필자는 과거의 축적된 지식, 현재의 실시간 정보 등을 활용해서 논리적이고 확률적인 시나리오 구축 작업을 한다. 그러다 보니 몇달 혹은 몇년이 지난 후에는 새로 출현하는 미래 신호들을 반영하여, 과거에 작성했던 시나리오를 수정하고 업데이트하는 작업을 피할 수 없다.

하나의 완벽한 시나리오를 제시할 수 있는 존재는 신 외에는 없다. 필자와 같은 인간은 제아무리 뛰어나더라도 미래를 단번에 완벽하게 맞힐 수 없다. 최선의 행동은 남보다 빠르게 미래 변화를 감지하고 발표하는 것뿐이다. 그러면 이런 의문이 들 수 있다. "시나리오를 바꿀 것이라면, 예측이 무슨 소용이 있나?"

아니다. 우리가 미래를 예측하는 것은 용한 점쟁이가 되려는 것이 아니다. 인간이 할 수 있는 최고의 미래 예측은 지금까지 나온 지식과 정보를 활용해서 논리적으로 확률이 높은 미래를 생각해보는 것이다. 인간은 이런 불완전한 미래 예측 능력을 활용해서 바로 '오늘' 미래에 대한 의사결정을 해야 한다. 미미한 정보라도 있다면 아예 없는 것보다는 몇십 배, 몇백 배 유용하다. 시나리오는 미래에 대한 미미한 정보다. 그럼에도 사용하는 사람에 따라서는 강력한 무기가 될 수 있다. 새로운 미래 기회와 위험을 발견하고 찾을 수 있는 힘을 부여해줄 수 있다.

그래서 필자가 새로 발표하는 시나리오에는 (새로운 문학작품이나 과학적 발견을 기술하는 것이 아니기에) 과거에 발표했던 시나리오 중에서 지금도 여전히 유효한 것은 그대로 사용된다. 이런 이유로 필자의 시나리오들은 일부가 겹칠 수밖에 없다. 독자들도 이런 점을 이해하고 이 책을 읽어주길 바란다.

이 책이 나오기까지 많은 분이 도움을 주었다. 필자와 함께 미래를 고민하고 연구해준 아시아미래인재연구소의 최현식 부소장과 연구원들에게 감사를 표한다. 늘 필자의 연구를 지지해주고 출판을 기꺼이 맡아준 김영사 대표님과 편집팀에도 감사를 전한다. 한결같이 필자의 옆자리를 지켜준 아내와 4명의 아들, 양가 부모님에게도 늘 감사한 마음이다.

마지막으로, 필자를 사랑하는 수많은 독자들에게 깊이 감사드린다. 필자를 아끼고 격려하고 날카로운 조언을 해주는 독자들은 필자가 연구를 계속해나가는 데 가장 큰 힘이 되는 존재다.

한국의 '더 나은 미래'를 내다보며
미래학자 최윤식

차례

BIG CHANGE

1

—

변혁
Transformation

뉴 노멀을 관통하는 단어,
변혁

코로나19 팬데믹 이후 엔데믹 세상을 설명하는 첫 번째 단어는 '변혁'이다. 뉴 노멀New Normal은 오래된 질서를 의미하는 올드 노멀Old Normal과 대비되는 말이다. 뉴 노멀이란 말은 과거를 반성하고 새로운 질서를 모색하는 시점에 자주 등장한다. 사전적 의미는 '시대 변화에 따라 새롭게 부상하는 표준'이다.[1] 경제학에서는 경제위기를 기점으로 나타나는 5~10년간의 세계 경제 변화를 특징짓는 현상을 말한다. 사회학에서는 5~10년보다 좀 더 긴 시간을 지배하는 새로운 기준, 질서, 표준을 가리킨다. 일종의 '메가 트렌드'라고 할 수 있다.

뉴 노멀이란 단어가 처음 대중적으로 사용된 분야는 경제였다. 2003년, 미국 벤처투자가 로저 맥나미는 IT 버블 붕괴 이후 새롭게 나타난 세계 경제의 특징을 통칭하는 말로 이 단어를 처음 사용했다. 이 용어가 대중적으로 주목받기 시작한 때는 좀 더 뒤다. 2008년 글로벌 금융위기로 세계 경제가 한 번 더 대붕괴했다. 위기를 극복하는 연방준비제도Fed(이하 '연준')의 대응법이 달라졌다. 엄청난 돈을 뿌렸다. 부동산 가격이 대폭락하자 가계도 흔들렸다. 2012~2014년에는 유럽에서 금융위기가 발발했다. 유로존 전체가 흔들렸다. 거대한 위기를 헤쳐나가는 과정에서 20세기를 지배했던 질서, 표준, 기준, 이론 등으로는 설명하기 힘든 현상들이 반복되었다.

IT 버블과 부동산 버블로 말미암은 2차례 대붕괴는 지난 몇십 년간 반복된 경제위기들과 달랐다. 위기 탈출을 위해 중앙은행이 유동성을 공급하는 원칙, 정부 규제 방향, 글로벌 투자금의 움직임도 달라졌다. 때마침 시장을 주도하는 지배 기술, 경제를 주도하는 새로운 국가와 세대, 소비 패턴 등에서도 과거와 다른 거대한 변화가 일어났다. 선진국의 경제성장률과 인플레이션율 추세도 이상하게 흘렀다. 도처에서 과거 이론과 기준으로는 설명하기 힘든 현상이 속출했다. 시장 참여자 모두가 전 세계 경제 질서가 새로운 방향으로 달려가고 있다는 것을 직감했다.

2008년, 세계 최대 채권운용회사 핌코의 최고경영자 모하메드 엘 에리언은 자신의 저서 《새로운 부의 탄생When Markets Collide》에서 '뉴 노멀'이라는 단어를 다시 꺼냈다. 이제 전 세계 경제에서 새롭게 부상하는 질서는 저성장, 규제 강화, 소비 위축, 미국 시장의 영향력 감소 등이라고 언급하면서 뉴 노멀 논쟁에 불을 지폈다.[2]

뉴 노멀이냐, 아니면 연준의 비상책에 따른 일시적 궤도 이탈이냐에 대한 논쟁이 한껏 달아오를 때, 코로나19 팬데믹이 전 세계를 한 번 더 강타했다. 1918~1919년 스페인독감 이후 100년 만에 지구촌 전체 시장의 대봉쇄 사태가 벌어졌다. 사상 초유의 일이었다. 그리고 단 2년 동안 이전 2차례의 경제위기(IT 버블과 부동산 버블 붕괴) 때보다 더 많은 돈이 시장에 쏟아졌다. 시장 전체가 왜곡되었고, 흔들렸고, 갈팡질팡했다. 2021~2022년, 2년 동안은 과거를 반성하고, 새로운 질서를 모색하고, 잘못된 질서를 바로잡는 시도를 할 겨를이 없었다. 중요한 것은 위기 탈출뿐이었다.

2022년 주요 선진국들은 팬데믹에서 겨우 빠져나오기 시작했다. 대위기에서 탈출하고 보니 시장 전체가 문제투성이였다. 인플레이션은 수십 년 만에 최고치에 이르렀다. 심지어 2022년 2월 러시아가 우크라이나를 전격 침공하면서 석유, 곡물, 원자재 가격 등이 폭등했고 핵전쟁 위협까지 들먹였다. 모든 것이 엉망진창이 되었다.

2022년 이후, 전 세계는 잘못된 것을 되돌리든지, 새로운 표준과 질서를 세우든지에 상관없이 과거의 오래된 표준을 고쳐서 사용하는 방식이 앞으로의 사회에서는 불가능하다는 것을 직감하고 있다. 새로운 시스템이 절실하다.

경제 시스템만 그런 것이 아니다. IT 버블 붕괴, 부동산 버블 붕괴, 코로나19 팬데믹 셧다운이라는 3차례의 위기를 지나는 동안, 기술 발전도 가속되면서 지배 기술, 지배 산업, 지배 시장 등에서도 변화의 물결이 커졌다.

3차례의 경제 충격을 연달아 맞으면서 기존의 오래된 사회 시스템도 망가졌다. 경제 충격이 반복될 때마다 K자형 부의 불평등 수준은 심화되었고, 일자리 위기도 커졌다. 부채는 증가했고, 주택 가격도 폭등했다. 여기저기서 살기 힘들다는 소리가 터져나왔고, 월가를 점령하고 백악관을 쳐들어가는 등 국민의 불만이 폭발했다. 이런 문제를 해결해야 할 책임을 진 정치가 제 기능을 하지 못하자, 민주주의 심장이라고 자칭하는 미국에서는 민심이 둘로 나뉘면서 서로를 적으로 대하며 싸우는 사회적 내전상황도 벌어졌다. 미국의 패권 장악 능력도 하락했다. 국제질서를 주관하던 미국의 힘이 약해지자 국제 정세 시스템도 흔들렸다. 경제, 사회, 산업, 시장, 국제질서 등 거의 모든 시스템에서 삐걱대는 소리가 커졌고 제대로 작동되는 것이 하나도 없다.

이런 상황을 해결할 방법은 하나뿐이다. 과거의 오래된 표준을 버리고 시대변화에 맞는 새로운 질서와 표준을 담은 시스템을 새롭게 구축해야 한다. 기존 시스템의 일부를 고쳐서 사용하는 방식으로는 현재의 문제를 해결할 수 없고, 더 나은 미래로 나가는 것은 더욱더 불가능하다. 일부 시스템만 새것으로 대체하는 것으로는 부족하다. 현재 문명을 지탱하는 거의 모든 시스템을 새것으로 대체해야 한다. 이런 수준의 변화를 통칭하는 단어로 '개선'이나 '혁신'은 어울리지 않는다. '변혁'이 가장 적합한 단어다.

변혁變革/transformation은 뉴 노멀 전체를 관통하는 단어다. 그리드락(교착), 스탠딩 웨이브, 파에톤의 추락, 신대항해 시대, 생존학습, 3무 등 나머지 6개의 단어는 변혁의 기간에 짧게는 5~10년, 길게는 10년 이상 이어지는 주요 움직임의 특징과 새롭게 부상하는 질서(표준)를 통칭한다.

개선, 혁신, 변혁의 차이

개선改善은 '잘못되거나 부족한 것을 고쳐 더 좋게 만듦'이다. 영어 단어로는 'Improvement' 혹은 'Betterment'다. 'Improvement'는 '~내부적으로'의 뜻을 가진 접두사 'im'과 '이로운'이란 뜻을 가진 단어 'prou'를 어원으로 둔 'prove'로 만들어졌다. 즉 외부 형태는 그대로 둔 상황에서 내부에서 좀 더 이로운 것을 찾아내는 상황이나 행위를 가리킨다.

기술 개선이라고 하면, 기존 기술에서 부족한 부분을 고치거나 '기존 기술을 더 좋게' 발전시키는 것이다. 따라서 현재 상황을 해결하는 방법으로 어울리지 않는다.

혁신革新은 '묵은 가죽을 새로운 가죽으로 바꾼다'는 뜻이다. 사회적으로는 조직이나 제도, 풍습, 방식 등을 바꾸거나 종교적으로는 시대에 뒤떨어진 잘못된 교리나 제도를 뜯어고치는 일이다. 영어 단어로는 'Innovation'이다. 'Innovation'은 '~내부적으로'의 뜻을 가진 접두사 'in'과 '새로운'이란 뜻을 가진 단어

'nov'를 어원으로 둔 'novate'로 만들어졌다. 즉 외부 형태는 그 대로 둔 상황에서 내부에서 완전히 새로운 것을 찾아내는 상황 이나 행위를 가리킨다.

기술 혁신이라고 하면, 잘못되거나 부족한 것을 고쳐 더 좋게 만드는 차원을 넘어 '완전히 새로운' 것을 가리킨다. 하지만 외 부 카테고리나 형태(시스템 전체)는 바뀌지 않는다. 개선보다는 낫지만 무언가 부족하다.

산업계에서는 혁신을 이렇게 설명하기도 한다. "혁신은 현재 있는 재화나 서비스로 풀 수 없는 고객의 불편함이나 불만을 의 미하는 페인 포인트Pain Point를 해결하는 것이다." 페인 포인트를 가장 먼저 푸는 사람을 퍼스트 무버라고도 한다. 아마존과 우버, 배민 같은 배달앱, 당근 같은 중고거래 플랫폼을 예로 들 수 있 다. 이들 서비스는 완전히 새로운 서비스이지만 외부 카테고리 나 형태(시스템 전체)를 바꾼 것은 아니다. 아마존은 이미 이전에 시작되었던 인터넷 상거래 서비스 안에서 혁신을 주도하고 있 을 뿐이다. 우버는 개인 자가용을 공유 운송 서비스 시장에 진입 시키는 완전히 새로운 서비스이지만 우버 이전에도 택시를 통 한 운송 서비스 형태는 존재했다.

물론 같은 카테고리 안에서도 혁신과 변혁의 차이가 나타날 수 있다. 최초의 인공지능 기술은 변혁이다. 최초의 인공지능 기 술의 발전은 개선과 혁신을 통해 이루어진다. 전문가 알고리즘 의 지속적 향상은 개선이다. 딥러닝처럼 기계학습의 새로운 방법의 출현은 혁신이다. 하나의 알고리즘을 가지고 다양한 분야에 사용할 수 있는 범용 알고리즘의 출현은 변혁이다. 하나의 알고리즘은 하나의 목적에 부합한다는 기존 개념을 파괴했기 때문이다. 자율주행 자동차도 변혁이다. 인간 대신 인공지능이 운전하는 새로운 시스템으로 대체했기 때문이다.

변혁變革은 '가죽 자체를 변화시킨다'는 것이다. 영어 단어 'Transformation'은 '~가로질러, ~를 넘어'의 뜻의 접두사 'trans'와 '형태, 윤곽, 모습, 모양'이란 뜻을 가진 단어 'forma'를 어원으로 둔 'formation'으로 만들어졌다. 즉 변혁은 '형질形質/character이나 유형類型/form까지 완전히 탈바꿈'하는 것이다. 내부의 변화 수준을 넘어 '형태까지 완전히 새로운' 것을 찾아내는 상황이나 행위를 가리킨다.

기술 변혁이란 기존 기술과 전혀 다른 기술, 완전히 새로운 기술의 출현을 말한다. 기존 것과 완전히 다르고 새로우면서 성능이 더 좋기 때문에 '비약적 진보'를 했다고 평가받는다. 인터넷 발명과 인터넷 전자 상거래 발명 그 자체가 이에 해당한다. 소통이나 상거래의 형질, 유형까지 완전히 탈바꿈시킨 기술이기 때문이다.

혁신은 시스템 전체를 바꾸지 않지만 변혁은 시스템 전체를 바꾸는 데까지 이어진다. 만약 주요 선진국들이 디지털 법정화폐CDBC를 발행하고 상업은행 역할을 중앙은행이 대체한다면 금융 시스템 전반이 바뀌는 변혁이 일어난다. 평균수명 연장은 개선에 해당하고, 200세 에이징테크는 변혁에 해당한다. 화석에서 비화석 에너지로의 전환도 변혁이다.

변혁적 기술은 하늘에서 뚝 떨어지지 않는다. 다수의 혁신적 기술 중에서 하나의 변혁적 기술이 등장하거나, 다수의 혁신적 기술이 융복합 혹은 용해되어 시너지를 일으키는 과정에서 변혁적 기술로 재탄생한다. 혹은 혁신에 혁신을 거듭하는 과정에서 변혁으로 도약을 하는 경우도 있다. 2022년 3월, 미국 경제지 〈포천〉은 전기차 분야에서 혁신을 주도하던 테슬라가 자동차 제조사에서 인공지능 회사로 리브랜딩하는 과정에 있다고 분석했다.[3]

근거는 2가지다. 하나는 테슬라 최고경영자 일론 머스크가 독일 매체 〈벨트 암존탁〉과의 인터뷰에서 2023년 말까지 인공지능 휴머노이드 로봇 '옵티머스'의 생산 준비가 완료될 것이라고 전망한 것이다. 다른 하나는 2021년 1월 일론 머스크가 2022년 테슬라가 가장 중요하게 여기는 목표를 완전자율주행FSD 완료라고 언급한 것이다. 자율주행 기술의 완성과 자율주행 자동차와 연결된 휴머노이드 로봇 개발(테슬라 오토파일럿 소프트웨어와 기타 하드웨어에 구동용 인공지능 기술 탑재)은 테슬라가 도전하는 혁신적 기술들이다. 만약 이런 도전이 성공한다면 테슬라는 자연스럽게 인공지능 회사 혹은 인공지능 로봇으로 비즈니스 모델 전체가 완전히 뒤바뀌는 변혁적 결과를 얻게 된다. 혁신의 혁신이 만들어낸 변혁적 도약이다.

다시 정리해보자. 개선은 기존 가죽을 고치는 것이고, 혁신은 가죽을 새로운 가죽으로 교체하는 것이고, 변혁은 가죽의 형질, 특성, 유형 자체를 완전히 탈바꿈시키는 것이다. 개선은 한 단계씩 발전하는 것이고, 혁신은 같은 방향이지만 한 번에 몇 단계를 훌쩍 뛰어넘는 발전이다. 반면 변혁은 발전의 방향 자체가 바뀐다. 개선과 혁신은 결이 다르지만 혁신은 변혁으로 가는 길목에 있다. 혁신들이 쌓여서 변혁으로 도약한다.

코로나19 이전까지는 혁신들이 쌓이는 시간이었다. 물론 코로나19 이후에도 혁신은 계속 나타난다. 하지만 코로나19 팬데믹 이후에는 겹겹이 쌓인 혁신을 기반으로 변혁이라는 다음 단계 이동이 시작될 것이다. 변혁은 판 자체를 바꾸는 것이다. 시스템을 통째로 새롭게 대체하는 것이다.

팬데믹 이후,
변혁의 시간이 온다

코로나19 팬데믹 이후 전 세계가 변혁의 시간으로 넘어가는 이유를 정리해보자. 크게 2가지다. 하나는 기존 지배 시스템을 무너뜨리는 힘을 가진 변혁적 기술들의 속출이다. 영향력을 점점 늘리고 있는 이 기술들은 기존 지배 시스템의 외부에서 일어나는 도전이다. 다른 하나는 기존 지배 시스템 내부에서 일어나는 붕괴다.

앞서 말한 것처럼 경제대위기를 3차례 겪으면서 모든 시스템이 엉망진창이 되어버렸다. 1996년 이후부터는 기술 영역에서만 혁신이 일어난 것이 아니다. 기존 시스템에 빨간불이 들어왔고, 이후 20여 년간, 더 이상 기존 시스템으로는 변화를 견디기 힘들다는 증거가 속속 나왔다.

모든 시스템이 왜 엉망진창이 되어버렸을까?

시스템이 엉망이 된 것은 금융위기나 코로나19 팬데믹 같은 충격 때문이 아니다. 이런 것은 원인이 아니라 결과다. 기존 시스템의 위험을 알리는 신호다. 시스템이 엉망이 된 것은 기존 시스템 자체가 더 이상 성장할 수 없는 한계에 도달했기 때문이다. 기존 시스템이 한계에 도달했다는 것은 기존 시스템을 구성하는 중요한 하위 요소와 질서가 한계에 도달했다는 것이다.

2000~2022년까지 경제대위기가 3차례 일어났고, 미국 연준이나 유럽중앙은행ECB은 더 이상 내릴 금리가 없다. 주요 선진국의 정부, 기업, 가계는 부채의 한계에 근접했다. 부의 불평등도 한계점 근처에 도달했다. 미국의 경우 상위 1%가 전체 부에서 차지하는 비율이 40%에 육박했다. 대공황 직전 최고치 48%에 근접한 상황이다.

2001년 9·11테러가 발생하면서 새로운 전쟁 형태가 지구촌을 공포로 몰아넣었다. 9·11테러 이후, 기존 시스템 안에서 글로벌 힘의 균형을 유지하고 있던 미국은 보이지 않는 적과 싸워야 했고, 2001년 10월~2021년 8월 아프간전쟁, 2002년 3월~2011년 12월 이라크전쟁을 치르면서 패권 장악력이 약화되기 시작했다. 2010~2011년 '아랍의 봄' 반정부 시위운동이 벌어지면서 아프리카와 중동에도 새로운 질서가 만들어지기 시작했다.

글로벌 경제와 군비경쟁에서 중국이 급부상하면서 기존 질서를 흔들기 시작했다. 러시아도 2008년 조지아 침공, 2014년 크림반도 합병, 2022년 우크라이나 침공으로 옛 영광의 부활을 꾀하고 있다. 미국에 대한 유럽의 신뢰도는 계속 추락 중이다. 러시아의 우크라이나 침공에서 보듯, 유럽에서 북대서양조약기구

NATO와 러시아의 완충지대가 불안정해졌다. 2017년 9월 북한의 6차 핵실험, 2017년 11월 북한의 ICBM 발사, 2018년 5월 미국과 이란 핵 합의 파기 등도 기존 지배 시스템의 한계와 새로운 시스템으로 변혁의 시작을 알리는 사건이다.

미국 정계도 1998~1999년 민주당 클린턴 대통령 탄핵사건(1868년 앤드루 존슨 대통령 이후 131년 만의 사건)과 2001년 1월 공화당 조지 W. 부시 대통령 취임을 기점으로 민주·공화 양당의 격렬한 갈등이 수면 위로 터져 나왔고 정치 민심도 극단으로 쪼개지기 시작했다.

주요 선진국들에서는 기존 정치권에 대한 국민의 인내도 한계에 도달했고, 지구가 환경 파괴를 견디는 힘도 한계에 근접했다. 세상을 지탱하고 있는 지각이 바뀌는 것도 기존 시스템 전체를 뒤흔드는 힘으로 작용한다. 기술 발달로 현실에서 가상으로 지각 이동에 가속이 붙고 있고, 주요 선진국들에서 인구구조 대변화가 일어나고 있다.

이런 모든 갈등, 문제, 부작용, 고통, 지각의 이동 등을 해결하려면, 엉망이 되고 성장의 한계에 도달한 기존 지배 시스템을 그대로 둔 상태에서 시도하는 개선과 혁신으로는 부족하다. 내부 변화 수준을 넘어 '형태까지 완전히 새로운 시스템'으로 교체하는 변혁만이 유일한 해법이다.

필자는 '개선 → 혁신 → 변혁 → 지배 시스템 대체 완료'로 변화 사이클을 4단계로 구분한다. 이 사이클상으로도 코로나19 팬데믹 이후 전 세계가 변혁의 시간으로 넘어가고 있음을 알 수 있다. 20세기가 개선의 시기였다면, 1996년 이후부터는 제3차 산업혁명, 제4차 산업혁명이 연이어 일어나면서 혁신의 시기였다. 이제, 코로나19 팬데믹 이후부터는 변혁의 시기로 접어든다.

지배 시스템이
바뀐다

기존 시스템으로는 견디기 힘들다는 신호들을 '변혁을 요청하는 사건'이라고 표현할 수 있다. 이 사건들이 곧바로 새로운 지배 시스템을 만들지 않는다. 새로운 게임 환경을 먼저 만든다.

기존 게임이 새로운 게임으로 전환되는 초기에는 의심과 놀람(충격)이라는 2가지 반응이 뒤섞인다. 기존 지배 시스템으로 이해되지 않는 사건, 현상, 변화이기 때문에 '의심'한다. 즉 일시적 현상에 불과하다는 판단을 한다는 말이다. 지배 시스템과 규칙에서 벗어난 충격적이고 놀라운 결과가 계속 발생하면서 기존 지배 시스템의 한계를 절실히 느낀다. 그럼에도 불구하고 초기에는 의심이 더 강하게 작동한다.

하지만 새로운 게임에 대한 무시, 저항, 폄하를 하다가 변혁의 희생양이 되어 한순간에 무너지는 영역이 나오면서 새로운 게임 환경이 다양한 영역으로 퍼져간다. 그러면 도약적이고 전면적인 변화가 모든 영역에서 속출하면서 변혁 그 자체가 지배 시스템으로 발전하는 계기가 만들어진다.

의료 서비스를 예로 들어보자. 현재 의료 시스템과 기준은 뛰어난 인간 의사를 중심으로 형성되었다. 명의라고 하면 의료 경험, 지식, 노하우가 오랫동안 축적된 인간 의사를 가리킨다. 이런 의사를 얼마나 많이 보유하고 있느냐에 따라 병원의 급이 결정된다. 의료 시스템의 발전은 좋은 의사가 얼마나 더 빠르고 정확하게 질병을 진단·분석하고, 얼마나 실수를 줄이고 더 좋은 수술 동작을 구사하느냐에 달려 있다.

최근 10~20년 동안 의료계 안에 변혁적 기술이 속속 등장하면서 명의, 좋은 병원, 지배적 의료 시스템이 바뀔 조짐을 보이고 있다. 현재, 수술에 복강경, 로봇, 내시경, 3차원 입체렌즈 등 광학장비와 로봇 기능이 장착된 혁신적 수술도구가 지배적 위치에 올라섰다. 앞으로는 다수의 혁신적 기술들끼리, 그리고 혁신적 기술과 인간이 서로 융복합하거나 용해되어 시너지 효과를 내는 과정으로 들어설 것이다.

복강경, 내시경, 수술로봇처럼 카메라를 배 안에 넣을 수 있는 도구를 사용하면 실시간 수술 장면을 모두 녹화할 수 있다. 초음파 진단 영상이나 방사선 사진도 모두 디지털화할 수 있다. 그런 영상과 사진을 정밀 분석하는 작업에 인공지능을 사용하면 의사가 자신도 몰랐던 실수를 발견할 수 있고, 반복되는 진단이나 수술 동작 중에서 더 좋은 방법이 무엇인지 확률적으로 도출할 수 있다. 인공지능 기술을 이용해서 환자의 질병 유전자를 분석하고, 방대한 데이터와 지식 속에 유사한 사례를 검색하고, 다양한 치료 방법의 확률적 가능성을 예측하는 것도 가능해졌다. 의료 빅데이터를 수집하는 기술이 발전하고 인공지능 학습도를 높이면 이전에 볼 수 없던 것을 정보화하고 분석할 수 있다.

앞으로 인간 의사들은 인공지능이 빅데이터를 학습해 찾아낸 새로운 정보, 지식, 방법을 인간의 지혜와 연결하고, 이를 바탕으로 의료 서비스에 적합한 광학, 인공지능, 로봇, 유전자 분석, 바이오나노 기술들을 요청하거나 직접 연구·개발할 것이다. 이런 선순환이 반복되는 과정에서 과거를 지배했던 시스템이 자연스럽게 붕괴되고 새로운 시스템과 기준이 형성된다.

과거 시스템에서는 경험이 많은 의사가 수술을 더 잘할 수 있었지만, 미래의 명의는 변혁적 기술을 잘 알고 적재적소에 잘 사용할 수 있는 의사다. 이런 의사를 많이 보유하고 훈련시키는 병원이 좋은 병원의 새로운 기준이 된다. 그리고 변혁적 기술과 이를 잘 활용하는 의사들이 유기적으로 연결되어 움직이면서 질병의 진단, 분석, 치료 시간을 단축하고 정확성을 높이는 구조가 새로운 의료 지배 시스템이 된다.

필자의 눈에는 현재 의료 영역에서도 개선과 혁신을 넘어 변혁이 속출하고 있다. 일부에서는 변혁 그 자체가 과거 지배 시스템을 해체하고 새로운 지배 시스템으로 발전하기 시작했다.

강제성과
예측 불가능성

한 단계씩 차근차근 진보하는 개선적 발전은 대부분 '자발적 선택'의 결과이고 '예측 가능한 경로'를 따라 진행되었다. 몇 단계를 한 번에 뛰어넘는 혁신은 '우연적 선택'의 결과이고 '예측 가능한 경로와 예측 불가능한 경로'가 섞여 진행된다.

반면 형질이나 유형 자체를 완전히 탈바꿈하는 변혁은 모두 '강제적 선택'의 결과이고 '예측 불가능한 경로'를 보인다. 즉 지배 시스템의 전면적인 대체는 스스로 계획을 세워 할 수 있는 것이 아니다. 강제적으로 어쩔 수 없이 선택하는 행위다.

그리고 과거 지배 시스템에서 새로운 지배 시스템으로 전환하는 과정에서 반드시 나타나는 현상이 있다. 경계 파괴, 용해, 혼돈과 무질서다. 이런 이유로, 새로운 지배 시스템의 완성 방향은 최소한 현재 위치에서는 '예측 불가능한 경로'를 보인다.

강제 변혁이 속도를 내기 시작하면 '강제적 경계 파괴'가 먼저 일어난다.

산업의 예를 들어보자. 수백 년간 견고했던 콘스탄티노플 성벽이 변혁적 무기인 화약과 대포로 무너지듯, 기존 산업을 보호하는 성벽이 변혁적 기술로 무너지는 상황이 속출한다.

경계 파괴는 크게 3가지로 분류할 수 있다. 첫째, 산업 간 경계 파괴, 둘째, 소비자 계층 간 경계 파괴, 셋째, 국경 간 경계 파괴다. 현재 벌어지는 경계 파괴의 다양한 실례를 들어보자.

2022년 3월, OTT 시장을 석권한 넷플릭스는 핀란드 모바일 게임 개발·유통(퍼블리싱)사인 '넥스트 게임즈'를 6,500만 유로(약 868억 원)에 인수할 계획을 발표했다. 영상 콘텐츠와 게임 콘텐츠 간의 경계 파괴다. 넷플릭스는 광고 없이 영상 콘텐츠를 본다는 전략을 앞세워 2억 2천만 명 구독자를 끌어모아 OTT 시장 최강자가 되었다. 만약 넷플릭스가 게임시장에서 같은 전략을 구사하면 광고로 도배되어 유저들의 게임환경을 저해하는 현 모바일 게임시장 판도를 뒤흔들 게임 체인저가 될 가능성이 높다.[4]

현대기아차는 자사 사업의 본질을 완전히 재정의했다. 사명에서 자동차를 버리고, '이동수단'으로 모든 초점을 맞췄다. 이 말은 이동수단의 모든 경계를 파괴하겠다는 의미다.

정용진 신세계 부회장은 "사람들을 끌어모으는 데 주력하겠다"라고 천명했다. 신세계의 경쟁자는 다른 유통회사가 아니라 테마파크와 야구장이라고 했다. 그래서 SK야구단을 인수했고, 테마파크 건설을 시작했다. 이런 행보는 무엇을 의미할까? 사람을 모아서 할 수 있는 모든 비즈니스가 미래 신세계의 사업영역이라는 의미다. 매우 강력한 경계 파괴 행보다.

석유회사들은 석유사업을 접고 있고, 선박을 만드는 중공업 회사들은 인공지능, 로봇, 수소 등을 미래 주력 산업으로 정했다. 이커머스 최강자 중 하나인 쿠팡은 전기차, 수소차 등 친환경 자동차를 직접 개발한다고 발표했다. 미국 최대 투자은행 JP모건 회장은 은행의 위기를 거론하면서 애플, 월마트도 자신들의 경쟁상대라고 천명했다.

산업 중에서 가장 견고한 성벽을 자랑하는 영역이 있다. 교육시장이다. 교육시장은 높은 수준의 지식, 교수 노하우, 유명 강사의 시장 장악력, 소비자의 보수적 태도 등 다양한 장벽으로 구성된 철옹성 중 하나다. 그래서 변화도 가장 늦게 일어난다. 이런 교육시장에서도 경계 파괴가 활발하게 일어나고 있다.

SNS 빅테크 기업인 카카오는 계열사인 카카오키즈를 통해 어린이 주 단위 학습지, 중고등학교 입시, 성인 교육까지 교육시장 전체로 비즈니스를 확대 중이다. 카카오키즈는 모회사의 인공지능 기술, 방대한 콘텐츠, 커머스 융합 모델을 구축해 교사를 대신해서 학습자에게 맞춤형 교육과 학습 서비스, 교육 관련 교재나 교구의 편리한 구매 서비스를 제공한다.[5]

국내 최대 포털사이트인 네이버도 코로나19 팬데믹 동안 급성장한 비대면 교육시장을 장악하기 위해 교육 플랫폼 '웨일 스페이스'와 교육 디바이스 '웨일북'을 잇달아 선보였고, 한국형 에듀테크 플랫폼의 고도화를 추진하여 글로벌 에듀테크 시장에

도전하고 있다.[6]

빅테크 기업들의 교육시장 진입은 전 세계적인 현상이다. 틱톡, 진르터우탸오를 출시하며 중국 소셜 생태계를 장악한 바이트댄스도 중국 내 온라인 교육시장을 장악하기 위해 1만 명 추가 채용 계획을 발표했다.[7]

성인 교육시장의 강자 휴넷은 전체 직원 300명 중 130명을 IT 개발자로 채우고, 인공지능 학습관리 시스템 '랩스', 게임 러닝 프로그램 '아르고', 개인 맞춤형 경영학 석사학위 '아바타 MBA' 등을 선보이면서 에듀테크 기업으로 변신했다.[8]

카카오나 네이버가 기술기업으로서 교육시장에 진입하여 경계를 파괴한다면, 휴넷은 교육기업으로서 기술산업으로 진입하여 경계를 파괴하는 모양새다.

은행들도 교육시장에 뛰어들고 있다. 본격적인 교육산업 진출은 아니지만 금융교육이라는 매개체를 통해 시장 경쟁력을 확보하려는 전략이다. NH농협은행은 2015년 전국 16개 지역에 청소년금융센터를 개설해 매년 어린이와 청소년 10만 명에게 금융교육을 실시하고 있다.[9] 이런 움직임은 산업 간 경계 파괴다.

전통적으로 성인 교육에 집중했던 메가스터디교육은 거꾸로 영유아 교육시장 진출을 선언했다. 메가스터디는 입시 교육시장에서 출발했지만 영유아, 초등학생, 성인까지 아울러서 소비자 계층 간 경계를 파괴 중이고, 약대, 의대·치대전문대학원, 로스

쿨 등 성인 입시 교육시장, 게임 학원, 미용 아카데미 등을 비롯
한 취업 및 기술 자격증 교육까지 교육 전반에서 산업 간 경계
파괴를 시도하고 있다.[10] 이런 움직임은 소비자 계층 간 경계 파
괴다.

성인 교육 콘텐츠 기업 데이원컴퍼니도 사내 독립기업 콜로
소를 통해 헤어, 쿠킹, 베이킹, 일러스트, 영상 디자인 등 자영업
과 프리랜서 분야의 전문가 교육 콘텐츠를 가지고 미국과 일본
시장에 진출했다.[11] 이런 움직임은 국경 간 경계 파괴다.

국내 공유 오피스 1위 업체인 패스트파이브는 국내외 성인 교
육시장에 뛰어들었다. 해외에서는 성인 학습자를 대상으로 한국
어, 중국어 강의 및 학습지 서비스, 일러스트나 영상 디자인 등
크리에이티브 분야 서비스를 시작했다.[12] 이런 움직임은 산업
간, 국경 간 경계 파괴를 동시에 하는 것이다.

경계가 파괴되면
모든 것이 뒤섞인다

산업과 산업을 구분해주고 적(동맹자)과 아군(경쟁자)을 구별해
주고 황금분할로 시장질서를 유지해왔던 경계가 허물어지면 기
존 산업 간 용해, 기존 산업과 미래 산업 간 용해도 강제로 일어
난다.

'용해溶解/dissolution'는 융복합과 다르다. 용해는 고체가 초기의
용매에 균일하게 녹아 완전히 섞여 액체화되는 현상이다. 핵심
은 '완전히 섞였다'는 것이다. 완전히 섞인 상태는 함께 섞이는
각기 다른 결정 구조들이 원자 혹은 이온, 분자 상태까지 쪼개져
서 합해지는 상태다. 반면 융복합은 원자 혹은 이온, 분자 상태
까지 나눠져 섞이지 않는다. 결정구조들이 혼합된 상태다. 산업
에서 변혁적 기술이 만들어내는 경계 파괴와 용해는 결정구조
를 파괴하고, 연결하고, 합치는 과정을 반복하는 공격적 행위다.
이런 공격적 행위를 통해 어떤 것은 완전히 없애버리고 어떤 것
은 완전히 다른 것으로 만들어버린다.

완전히 없애버리는 예를 들어보자. 2022년 2월 23일, 메타버스에 회사의 운명을 건 메타(페이스북)는 온라인 '인사이드 더 랩 Inside the Lab' 행사에서 '범용 음성 인공지능 번역 시스템'에 관한 연구·개발에 집중투자하여 소수민족의 언어까지 포함해서 인류의 언어 장벽 전체를 완전히 허무는 과감한 사업 계획을 발표했다. 초거대 인공지능과 범용 인공지능 기술을 동시에 사용하여 언어의 경계를 파괴하는 대담한 도전이다.[13]

미국의 대표적 내연기관 자동차 회사 GM은 2035년에는 휘발유 자동차 생산을 중단하겠다고 선언했다. 화석연료를 사용하는 내연기관 자동차 산업 자체를 완전히 없애버리는 계획이다.

완전히 다른 것으로 만들어버리는 예를 들어보자. 정의선 회장은 현대차그룹의 미래 포트폴리오는 자동차가 50%, 개인용 비행체PAV: Personal Air Vehicle가 30%, 로보틱스가 20%가 될 것이라는 비전을 제시했다.

겉으로는 자동차, 개인용 비행체, 로보틱스라는 물리적 구별이 있지만 가까이 들여다보면 3가지 제품 모두 기존 기술에 인공지능, 로봇, 전기차, 나노 신소재 등 동일한 미래 신기술을 융해해서 만들어야 한다. 그리고 이름만 우리에게 친숙한 용어를 사용한 것이지 실제로는 과거의 자동차, 개인용 비행체, 로봇과 완전히 다른 제품이 될 것이다.

제품뿐만 아니라 산업 간 경계를 파괴하여 기업의 비즈니스 구조 자체를 완전히 다른 것으로 만들어버리는 미래에 도전하

는 사례도 있다. 나스닥 상장 후 주가가 계속 하락 중인 전자상
거래 기업 쿠팡은 전기차, 수소차, 자율주행차 개발에 직접 뛰어
들었다. 강제적 경계 파괴를 통한 완전히 다른 비즈니스 모델로
의 전환이다.[14]

스스로 새로운 질서를
만들어낸다

경계가 파괴되는 과정에서 일어나는 현상이 더 있다. '섭동
perturbation'(흔듦)과 '무질서' 상태다. 섭동은 서로 다른 '계界'가
부딪히는 경계면에서 일어나는 흔들림 현상이다. 섭동은 각계의
정상상태正常狀態/stationary state(한 상태가 오랫동안 유지되는 것)에 충
격을 가한다. 오랫동안 유지되었던 정상상태가 흔들리면 기존
질서가 무너지고 무질서가 증가한다.

 질서가 유지될 때는 그 안에 있는 개체(기업, 제품, 서비스, 시장
특성 등)들이 무엇이고 어디에서 어떻게 활동하는지 알 수 있다.
특성과 규칙이 분명하기 때문에 해당 계에서 발생하는 현상이
나 변화를 예측할 가능성이 높아진다. 예측 가능성이 높아지기
때문에 위기를 통제하는 방법도 쉽게 찾을 수 있다.

 하지만 무질서가 증가하면 예측 불가능성이 높아지면서 통제
능력도 떨어진다. 위기를 통제하는 방법도 쉽게 찾을 수 없고 기
존 해법은 효과가 떨어진다. 위기 통제 능력이 떨어지기 때문에

위기는 커지고, 또 다른 위기가 돌출하는 악순환 고리가 작동한
다. 그럴수록 혼란과 무질서는 커진다. 필자가 코로나19 팬데믹
이후 엔데믹 세상을 설명하기 위해 두 번째, 세 번째, 네 번째 단
어로 추천한 '그리드락', '스탠딩 웨이브', '파에톤의 추락'이 이
런 경계 파괴, 용해, 혼돈과 무질서 상태에 나타나는 현상이다.

하지만 우리가 살아가는 복잡계는 혼돈, 무질서, 불균형 상태
에서 스스로 조직화를 하여 시스템을 안정시키는 힘을 가지고
있다. 이것을 '자기조직화self-organization'라고 한다. 자기조직화는
불균형 상태에 빠진 시스템이 구성 요소들 사이의 집합적인 상
호작용을 통해 조직화된 질서를 스스로 만들어내는 현상을 가
리킨다.

경계가 파괴되고 융해가 일어나는 과정에서 어떤 것은 사라
지고, 합쳐지고, 새로 나타나는 불균형과 혼돈이 이어지지만, 그
안에서 새로운 경쟁과 협력 구조가 맺어지면서 전체적으로는
새로운 지배 시스템, 지배 질서와 표준 등이 만들어지면서 균형
을 찾아간다. 필자가 코로나19 팬데믹 이후 엔데믹 세상을 설명
하는 다섯 번째, 여섯 번째, 일곱 번째 단어로 추천한 '신대항해
시대', '생존학습', '3무'가 이런 자기조직화 과정에서 나타나는
현상이다.

2

—

그리드락
Gridlock

미국 우선주의는
없다

코로나19 팬데믹 이후 엔데믹 세상을 설명하는 두 번째 단어는 '그리드락gridlock'이다. 교착상태를 말한다. 필자는 코로나19 팬데믹 이후 글로벌 정세가 다양한 정치적 의견 차이로 인해 답보 상태, 정체, 총체적 난국에 빠질 가능성이 높다고 예측한다. 그리고 그것이 뉴 노멀이 된다. 이런 상태를 표현하는 단어가 그리드락이다.

그리드락은 변혁의 초기에 발생하는 경계 파괴, 용해, 혼돈과 무질서 상태에서 일어나는 정치사회적 현상 중 하나다. 그리드락은 본래 '교차로에서 꼬리를 물고 이어지는 차량이 뒤엉켜 어느 방향으로도 움직이지 못하고 꼼짝할 수 없는 마비 상황'을 가리키는 말이었다.

이 용어가 처음 신문에 등장하여 대중에게 알려진 계기는 1980년 미국 뉴욕시가 교통 파업을 할 때였다. 이후, 정치·사회 등 여러 분야에서 여당과 야당의 갈등, 이해충돌 당사자들 간

'갈등이 과잉된 상태로 말미암아 앞으로 나아가지 못하거나, 또
는 중단되거나, 이해관계 때문에 방해받는 상황'을 표현하는 말
로 사용되었다. 미국이나 한국처럼 대통령제하에서 다수 야당이
의회를 장악하거나 양당이 의회를 팽팽하게 양분할 경우 정부
여당의 정책이나 법안이 야당의 반대에 직면하여 제대로 추진
되지 못하는 정치적 그리드락이 종종 발생한다.[15]

　국제질서에서는 '자국 이익 우선주의의 역습'이 그리드락으로
나타나는 경우가 많다. 국제사회가 안정을 유지하고 당면한 위
기나 위협 요소에 대응하려면 수많은 국가의 협조가 필요하다.
하지만 미국처럼 'Great One' 위치에 있는 나라가 각국의 상이
한 이해관계를 조절하는 힘을 잃고 자국 이익 우선주의가 팽배
해질 때, 국제사회 힘이 여러 개로 파편화되면서 복수의 경쟁 국
가나 세력이 각자의 권리를 내세워 협력을 어렵게 만든다.

　그러면 국제정치, 경제 및 금융, 군사적 힘의 균형과 질서가
무너지면서 곳곳에서 갈등과 분쟁과 충돌이 증가하고, 글로벌
자원의 효과적 사용이 막히고, 예측 불가능한 사태가 자주 발생
한다. 결국 안정은 사라지고 서로 견제에만 치중하면서 아무것
도 진행할 수 없게 되어 모든 사람이 손해를 입는다. 이때도 그
리드락에 빠졌다고 표현한다. 최악의 경우, 교착상태를 해소하
기 위한 궁여지책으로 군사적 충돌까지 발생할 수도 있다.

원유를 둘러싼
국제정치 교착

국제정세는 한동안 교착상태에 빠질 가능성이 높다. 이유는 분명하다. 미국을 중심으로 한 기존 지배 시스템이 한계에 도달했기 때문이다. 어떤 시스템이든 공통적 목적이 2가지 있다. 성장과 안정이다.

미국을 중심으로 국제사회의 질서를 유지하는 글로벌 정치 시스템은 성장과 안정을 유지하기 어렵다. 미국의 쇠락이 가장 큰 이유이고, 미국의 패권에 도전하는 중국과 러시아의 부상이 그다음 이유다. 미국의 힘이 약화되고 주요 열강들의 힘의 평균치가 비슷해질수록 교착상태는 단단해진다. 여기에 미국이 EU와 사우디아라비아 등 중동의 친미 국가들, 기타 미국 동맹국들에 신뢰를 잃어가는 것도 한몫하고 있다.

국제정치가 일단 교착상태에 빠지면 절대강자가 나타나기 전까지는 백가쟁명식 교착이 당분간 이어질 가능성이 높다. 교착상태는 상대를 협력자로 생각하지 않고 적으로 여기는 분위기가 팽배할수록 깊어진다. 국제정치에서는 패권전쟁이 벌어지는 상황이고, 국내정치에서는 내전식 정치상황이 벌어질 때가 그렇다.

러시아와 우크라이나 전쟁을 국제사회가 막지 못한 것은 러시아의 패권 욕심도 있지만 미국과 중국이 패권전쟁을 벌이면서 국제정세가 양 진영으로 나뉘어 교착상태에 빠졌기 때문이다. 사실 그 틈을 러시아가 이용한 것이다. 중국은 러시아의 침공을 공개적으로 지지하지는 않았지만 전쟁을 막기 위한 국제적 협력을 거부했다. 국제사회가 러시아에 대한 경제적 제재를 실시했지만 중국은 러시아의 천연가스를 수입하고 에너지 회사의 지분을 매수하면서 숨통을 열어주었다.

러시아가 우크라이나를 침공하면서 러시아산 원유와 천연가스 판매에 제재를 가하자 국제유가가 치솟으며 고공행진했다. 미국과 동맹국들은 자국의 전략적 비축유를 시장에 풀면서 유가 안정에 힘썼다.

글로벌 유가 안정에 가장 확실한 해법은 사우디아라비아를 중심으로 한 석유수출국기구OPEC의 원유 증산이었다. 하지만 사우디아라비아는 바이든 대통령의 전화를 일부러 외면하면서 오일쇼크 위협을 관망했다. 20세기, 미국 중심의 국제정치 시스템이 안정적으로 작동했을 때는 지금과 달랐다.

1945년 제2차 세계대전이 끝나자 구소련은 군대를 앞세워 단 3년 만에 동유럽의 주요 국가들에 공산정부를 세웠다. 소련은 다음 단계로 공산주의와 소련의 체제를 세계적으로 확산하고 독일과 프랑스 등 서유럽 국가들에 영향력을 확대하려 했다. 구소련의 이런 행보는 이념적으로는 민주주의 수호자이고 마셜 플랜을 중심으로 서유럽을 자신의 영향력 아래 두려고 하는 미국과 정면 충돌 상황을 만들었다. 냉전 시대의 시작이다.

1947~1948년에 시작된 냉전은 한국전쟁(1950년), 동구 공산주의 국가들의 바르샤바 군사동맹 체제 구축(1955년), 쿠바 미사일 사태(1962년)에서 최고조에 이르렀다.

힘의 축이 미국으로 넘어간 것은 1972년부터였다. 소련 경제는 극심한 위기에 빠졌고 미국 닉슨 대통령은 중국을 전격 방문하여 국제사회에서 국가 간 경쟁을 이념 분쟁에서 자본주의 경쟁으로 전환하여 중국과 소련의 관계를 떨어뜨려 놓았다.

극심한 경제위기에 시달리던 소련도 에너지라는 무기를 발판으로 한 반격의 기회가 있었다. 1973~1980년대 초반에 1, 2차 오일쇼크가 발생하면서 원유, 천연가스, 곡물 등 에너지와 원자재 수출로 먹고사는 소련에게 유리한 기회가 찾아왔다.

1973년에 발생한 제1차 오일쇼크의 원인은 1973년 10월 6일부터 시작된 제4차 중동전쟁이었다. 이전 3차례의 중동전쟁에서 철저하게 패배하고 시나이반도 일부와 골란고원을 빼앗긴 중동국가들은 이스라엘 최대 명절인 욤키푸르Yom Kippur(속죄일)가 시작된 날 네 번째 중동전쟁을 일으켰다. 이집트와 시리아가 선봉에 서서 이스라엘을 선제공격했다. 이스라엘은 이전 3차례의 전쟁에서 완벽하게 승리했고 해당 기간에 중동 국가들도 라

마단 기간에 있었기 때문에 방심한 상황이었다. 이스라엘군의
경계가 느슨한 틈을 타 이집트군은 초반 기습 공격으로 시나이
반도 탈환에 성공했다. 공동작전을 편 시리아군도 골란고원을
탈환하는 성과를 올렸다. 공중전과 지상전에서 모두 승기를 잡
은 중동 연합군은 승리를 목전에 두었다.

하지만 갑자기 미국이 궁지에 몰린 이스라엘을 지원하고 UN
을 앞세워 양측에 직접 휴전을 요청했다. 결국 어느 쪽도 승리하
지 못한 채로 제4차 중동전쟁이 끝이 났다.

1973년 10월 17일, 중동 산유국들은 즉각 이스라엘을 도운 미
국과 서방국가에 경제적 보복을 가했다. OPEC은 국제원유 고시
가격을 17% 전격 인상하고, 이스라엘이 점령지에서 철수하고
팔레스타인 권리가 회복될 때까지 매월 전월에 비해 5%씩 원유
생산을 줄인다고 선언했다. 제1차 오일쇼크, 석유전쟁이었다.

원유가격은 폭등했다. 중동산 기준으로 1973년 초 배럴당
2달러 59센트에서 1년 만에 11달러 65센트로 4배 상승했다. 전
세계 경제는 제2차 세계대전 이후 가장 심각한 불황에 빠졌고
미국 경제에 스태그플레이션이 발생했다.

미국은 제1차 오일쇼크 발발 전까지 중동에 소극적 행보를 보
였다. 1945년 2월, 루스벨트 대통령이 사우디아라비아 국왕과
'석유와 안보의 교환'을 약속했지만 무기 판매 이외에는 중동에
큰 관심을 기울이지 않았다. 미국이 제1차 오일쇼크 발발 전까
지 중동에 관심을 두지 않은 것은, 당시 중동에서 지배적 힘을

발휘하던 국가가 영국이었던 것도 한 이유였다.

1971년, 영국 군대가 재정난을 이유로 중동에서 철수하면서 중동지역에 힘의 공백이 발생했다. 닉슨 대통령은 이 공백에서 미국의 영향력을 확대하기 시작했다. 하지만 여전히 목적은 무기 판매에 국한되었다. 1972년 5월, 닉슨 대통령은 중동에서 미국의 군사적 대리인으로 이란을 선택하고 첨단무기를 제한 없이 판매했다. (물론 미국은 이란 등에 첨단무기를 판매하여, 이들이 중동에서 소련 세력 남하를 막게 하는 효과도 노렸다.)

이런 소극적 전략에 수정을 가하게 된 2가지 사건이 일어났다. 하나는 1971년 8월 15일에 닉슨 대통령이 금태환제도를 폐지한 것으로, 이 때문에 달러의 기축통화 지위가 흔들렸다. 다른 하나는 1973년 10월에 발생한 제1차 오일쇼크였다. 이제 미국의 입장에서 중동의 가치는 무기 판매 시장이 아니라 안정적 석유 공급처가 되었다. 무기 판매는 경제적 이득에 국한되지만 원유는 국가 생존과 연결된 전략적 가치에 해당한다.

달러 가치 폭락과 석유값 폭등이라는 2가지 위기를 극복하기 위해, 미국 닉슨 행정부는 1974년 6월에 사우디아라비아와 비밀협정을 한다. '석유 대금 결제는 달러로 하고, 사우디아라비아는 석유 판매 대금으로 미국 무기를 구매'하는 밀약이었다. 미국은 이를 계기로 달러 가치 하락 위기를 극복하고 '페트로 달러' 시대를 열며 미국의 대중동 핵심 정책인 '2개의 기둥Twin Pillar'(석유의 안정적 공급과 중동의 군사적 안정)을 시작했다.

제2차 오일쇼크는 1978년에 발생했다. 1978년, 이란에서 유전 노동자가 팔레비왕정 타도를 외치면서 파업에 돌입했고, 1979년 이란혁명 발발로 세계 석유 공급 15%를 담당하던 이란이 1978년 12월 26일~1979년 3월 5일까지 석유 전면 수출금지 조치를 단행했다. 여기에 석유업자들의 매점매석과 투기성 시장 조작까지 횡행하면서 원유의 현물 가격이 폭등하고, 연이어 장기계약에 기초한 원유 가격도 급상승했다. 원유 가격은 한 번 더 폭등했다.

1980년대 초반에 제1차 오일쇼크 대비 3배나 추가 상승하면서 1배럴당 30달러 원유 시대가 개막되었다. 세계 경제는 일시적 충격을 받았고 미국 경제에도 스태그플레이션이 재발했다. 다행히 제1차 오일쇼크 때의 경험이 위기 대응에 도움이 되었고, 1981년 이후 소비국의 원유 수요 감소로 국제 석유 수급이 대폭 완화되면서 유가는 진정세로 돌아섰다.

2차례의 오일쇼크로 미국과 전 세계는 큰 충격을 받았지만 구소련에는 기사회생의 기회였다. 2차례의 오일쇼크를 거치면서 원유가격이 12배 이상 폭등하고 곡물가격마저 치솟자 소련 경제는 빠르게 회복되었다. 막대한 돈이 쏟아져 들어오자 소련은 군비경쟁을 재개하고 미국을 추격하기 시작했다.

1979년 12월 25일, 소련은 T-62 탱크를 앞세우고 8만 5천 명의 병력을 투입하여 아프가니스탄을 전격 침공했다. 2022년, 에너지 파워를 믿고 우크라이나를 전격 침공한 것과 같은 상황이었다.

소련은 왜 아프가니스탄 침공을 단행했을까? 아프가니스탄은
실크로드 관문 중 하나이고 중동과 동아시아 에너지 수송 관문
이다. 지정학적으로 가치가 높다. 구소련 입장에서는 아프가니
스탄의 안정이 요원했다.

1978년 4월, 아프가니스탄에 공산혁명이 일어나면서 공산당
정부가 들어섰다. 하지만 이슬람 저항세력이 공산당정부(무신
론, 반이슬람 정책)와 극심하게 대립하면서 아프간 정세는 불안해
졌다. 구소련은 아프간의 지정학적 이익을 유지하고 아프간 내
이슬람 저항세력이 자국 내 이슬람 지역(중앙아시아)에서 극단적
이슬람 무장세력의 부흥을 자극하는 위험을 선제적으로 차단하
는 것이 절실했다. 부수적으로 영토 및 공산주의 세력 확장도 의
도했다.

소련군은 침공 3일 만에 아프가니스탄 지휘관을 모두 체포했
고 소련군 특수부대 스페츠나즈는 대통령궁을 포위했다. 아프가
니스탄의 이슬람주의 전사 무자히딘이 저항했지만 적수가 되지
못했다.

경제력을 발판으로 소련의 경제와 군사력이 다시 부활하자
미국은 긴장했다. 미국은 아프가니스탄에서 소련을 몰아내고 중
앙아시아 영향력을 빼앗기지 않기 위해 중동의 이슬람 무장세
력과 동맹을 맺었다.

1980년 1월 23일, 카터 대통령은 중동지역에서 소련의 침략

을 모든 수단을 동원해 격퇴할 것이라는 요지의 독트린을 발표
하고 군사작전을 시작했다. 1980년, 미국은 소련의 아프가니스
탄 침공에 항의하면서 동맹국과 함께 모스크바올림픽도 전면
거부했다. (2022년 미국이 동맹국과 함께 베이징동계올림픽을 보이콧한
것과 같다.)

미국은 아프간전쟁에 개입하는 명분으로 사우디아라비아를
비롯한 중동 내 이슬람 무장세력의 '신의 전쟁 지원'을 내세웠
다. 카터 행정부의 이런 전략을 총괄한 것은 중앙정보국CIA이었
다. 그래서 미국의 아프간전쟁 개입을 'CIA가 주도한 대리전쟁
혹은 비밀전쟁'이라고 평가한다.

이때 훗날 미국의 심장부를 가격한 9·11테러의 주동자인 사
우디 건설 부호 집안 출신인 오사마 빈 라덴도 편안한 생활을
포기하고 아프간 산악지대로 가서 반군 지도자가 되었다. 빈 라
덴은 가문의 막대한 자금을 기반으로 10여 년간 게릴라 저항운
동을 성공적으로 이끌면서 아랍세계에서 영웅이 되었다. 당연히
빈 라덴도 이때는 미국과 긴밀히 협력하는 관계였다.

미국이 아프가니스탄에서 소련을 견제하기 시작하자 전쟁은
장기전으로 들어갔다. 결국 구소련은 1989년 2월 전격 퇴각을
결정하기 전까지 9년 동안 괴로운 전쟁을 치르면서 국력을 소모
했다. 돈도, 영향력도 잃었다. 소련정부는 유가 상승으로 벌어들
인 막대한 부를 관리하는 데도 실패했다. 넘쳐나는 돈을 비효율
적인 산업에 쏟아부었다. 관료들의 부패도 만연해지면서 빈부격

차가 극심해졌다. 미국에는 미·소 냉전을 완전히 끝장낼 수 있는 기회였다.

1982년 11월 29일, 레이건 대통령은 아프간전쟁에서 고전을 거듭하는 구소련의 경제적 숨통을 끊어놓을 수 있는 전략 문서 'NSDD-66'에 서명을 했다.[16] 유럽, 사우디아라비아, 캐나다 등 미국의 동맹국에 소련과의 천연가스 매입 계약과 첨단기술 및 장비 수출 등을 금지 및 제한하는 문서였다. 강력한 경제 제재안이었다.

첨단기술 및 장비 수출 등 금지안은 소련이 첨단기술을 발판으로 군수산업을 발전시키고 경제성장을 견인하는 것을 막기 위한 조치였다. 1975년 미국의 대소련 첨단기술 제품 수출은 32.7%였는데 1983년에는 5.4%로 줄었다. 천연가스 매입 계약 금지 및 제한은 석유와 천연가스 수출에 대한 의존도가 매우 높은 소련 경제의 최대 약점을 공략하는 전략이었다. 미국은 동맹국에 소련의 천연가스 매입을 줄이도록 압박했다.

2022년과는 다르게 당시에는 유럽 국가들이 전격 동참했다. 중동도 미국 편에 섰다. 사우디아라비아는 OPEC의 여론을 주도하면서 석유 공급량을 급격하게 늘려 국제원유 가격을 폭락시켰다.

당시 유가가 배럴당 1달러 오를 때마다 소련은 연간 10억 달러의 추가적인 수입을 얻었다. 반대로 유가가 1달러 하락하면 최소 연간 10억 달러 이상의 손실을 입는다.

미국은 사우디아라비아와 유가 하락을 조건으로, 첨단무기 등의 군사적 지원 밀약을 맺었다. 소련의 석유와 천연가스 수출을 막으면 유럽의 국가들이 자국의 석유 수입을 늘릴 것이기 때문에 사우디아라비아 입장에서도 유가 하락 결정이 손해 보는 장사가 아니었다. 사우디아라비아는 석유 생산량을 4배 늘렸다. 효과를 극대화하기 위해 미국은 전략적 비축유 구매량을 하루 22만 배럴에서 14만 5천 배럴로 35%가량 줄였다. 서유럽과 일본 등 미국의 동맹국들도 전략 비축유를 방출해서 유가 하락을 가속시켰다.[17] 미국을 중심으로 한 국제질서와 연합이 톱니바퀴가 맞물려 돌아가듯 완벽하게 움직였다.

구소련은 수세에 몰렸다. 아프간전쟁은 소련 군대의 무덤으로 변해갔고 에너지 가격이 폭락하면서 무역수지는 악화되었다. 유가가 불과 4년 만에 1986년의 4분의 1 수준인 배럴당 20달러대로 폭락했다. 미국 서부텍사스원유WTI는 1980년 배럴당 평균 37.96달러에서 1986년 7월에는 11달러 아래로 폭락했다. 소련은 연간 200억 달러의 손해를 입었다. 미국이 금융 지원을 금지한 상태에서 연간 200억 달러의 손실은 소련을 무너뜨리기에 충분한 금액이었다.

유가가 하락할수록 소련의 외화 보유액도 급감했다. 국가 부도 일보 직전이었다. 미국은 소련과 군비경쟁도 일부러 격화시키면서 남은 경제력마저 소진시켰다.[18] 미국은 OECD에 소련에 차관을 제공하지 못하도록 압력도 가했다. 소련은 유가 하락으로 입은 손실분만큼의 차관을 미국에 빌려야만 연명이 가능한 상황이었다. 미국은 경제난에 시달리는 소련에 단기 국채를 빌려주면서 금리를 대폭 올렸다. 상환 부담을 가중하는 작업이었다.

이제 미국과 동맹국의 언론들이 소련의 국가채무상환 위험을 거론하면 소련 경제에 일시적인 신용경색도 유발할 수 있었다. 경제가 붕괴하면 민심이 등을 돌리고 정치적 분쟁이 발발할 것이 거의 확실했다. 이처럼 당시에는 미국을 중심으로 유럽과 동맹국, 국제사회가 적극적으로 연합했기 때문에 핵무기를 사용하지 않고도 소련을 무너뜨릴 수 있었다.

결국 구소련은 1989년 12월에 미국과 정상회담을 열고 "냉전이 끝났다"라고 선언했다. 승기를 잡은 미국은 미·소 패권전쟁 승리를 위한 마지막 결정타를 날렸다. 달러화의 가치를 평가절하하여 소련이 벌어들인 달러의 실질 구매력도 하락시켰다. 소련 경제는 갑작스럽게 멈춰 섰다. 금을 팔아 겨우 연명하던 소련은 더 이상 버티지 못하고 1992년 1월 1일에 붕괴되고 말았다.

2022년, 40년 전 상황이 판박이처럼 재현되었다. 에너지, 곡물, 원자재 등을 수출하여 막대한 부를 축적한 러시아가 구소련의 영광 재현을 목적으로 우크라이나를 침공했다. 하지만 이를 막아야 하는 국제적 연합은 40년 전만 못하다.

표면상으로는 영국, 독일, 프랑스, 기타 유럽 국가에서 일본과 한국에 이르기까지 수많은 국가가 미국이 주도하는 러시아 자산 동결, 기업인 제재, 전략물자 수출 금지, 러시아은행 스위프트SWIFT(국제은행간통신협회) 퇴출 등에 동참했다. 하지만 EU는 러시아산 에너지, 곡물, 원자재에 대한 수입 의존도가 높아서, 앞으로는 침공을 비난하지만 뒤로는 러시아산 에너지 구매를 계속했다.

유럽과 중앙아시아 지역 국가들은 러시아의 남하가 실재하는 위협임을 깨닫는 한편, 미국을 더 이상 전적으로 신뢰할 수 없어 심경이 복잡해졌다. 미국과 친밀한 인도도 대러시아 무기, 에너지, 곡물 수입 의존도가 높았다. 러시아와 우크라이나 전쟁 중에 러시아는 인도에 에너지를 싼값에 판매하겠다고 제안했다. 인도는 미국이 구매 보류를 부탁했음에도 불구하고 별다른 조치 없이 러시아와 구매 계약을 체결했다.

유가가 고공행진하자 사우디아라비아의 실질적 통치자 무함마드 빈살만 왕세자와 UAE 왕세제 무함마드 빈 자이드 나흐얀은 협력을 구하는 바이든 대통령의 전화는 받지 않고, 전쟁을 일으킨 푸틴 대통령과 통화를 했다. 사우디아라비아와 러시아 양국은 하루에 200만~250만 배럴의 원유를 즉시 증산할 수 있는 설비를 갖추고 있다. 이 정도 규모면 러시아의 하루 평균 원유 450만 배럴과 정유제품 250만 배럴로, 수출 공백 충격을 어느 정도 상쇄할 수 있다.[19]

하지만 양국은 미국과 영국이 수차례 걸쳐 원유 증산을 부탁했지만 대답은 미루고, 중국에 원유를 수출할 때 달러 대신 위안화로 받을 수 있다는 말까지 했다. 미국과 관계가 예전만 하지 못하자 러시아와 중국과 협력을 강화하려는 속내를 비친 것이다. 중국은 베이징동계올림픽에서 러시아와 연대를 과시했고, NATO 확대 반대가 담긴 공동성명을 발표했으며, 러시아의 우크라이나 침공을 막기 위한 국제적 협력도 거부했다.

이렇게 러시아와 우크라이나 전쟁을 계기로 미국 주도 국제질서 유지에 난 큰 구멍이 공개적으로 드러나버렸다. 미국이 이끄는 자유주의 국제질서가 전례 없는 '무질서'에 빠질 가능성은 높지 않다. 하지만 이상하고 묘하게 흘러갈 가능성은 매우 높아졌다.

적군도 아군도 없는
다극체제와 다극동맹

필자는 러시아와 우크라이나 전쟁 이후 국제정치 판의 교착상태는 더욱 심해질 가능성이 높다고 예측한다. 미국과 러시아의 교착, NATO와 러시아의 교착은 기본이다. 푸틴이 이끄는 러시아는 길들이기 힘든 야생마 같아서 우크라이나 전쟁 이후에도 다극체제 중심에 진입하려는 욕망을 버리지 않을 것이다. 러시아와 우크라이나 전쟁을 계기로 안보 위협을 확실하게 느낀 유럽 국가들은 미국 의존도를 줄이고 자국의 힘을 기르는 데 초점을 둘 것이다.

당장 독일은 수십 년간 미뤄왔던 국방비 증액을 실시했다. 우크라이나 사태가 터지자 특별방위기금으로 135조 원(1천억 유로)을 조성했고, 2022년부터 국내총생산GDP의 2%를 국방비 지출에 사용한다고 발표했다.[20]

북한이 ICBM 시험발사에 이어 핵실험까지 재개할 움직임을 보이면 미국과 북한의 교착, 한국과 북한의 교착도 장기화된다.

미·중 패권전쟁이 지속되는 한, 미·중의 교착도 쉽게 풀릴 가능성이 낮다.

특히 바이든 대통령은 민주당 예비선거 과정에서 시진핑 주석을 "100만 위구르인을 노동교화소에 처넣은 폭력배thug"라고 지칭하고 중국이 일방적으로 주장하는 '비행금지구역'에 B-1 폭격기를 보내서 손을 봐줘야 한다면서, 미국은 동맹국과 파트너 국가들로 연합전선을 구축해 중국의 잘못된 행동과 인권침해 행위에 맞설 것이라고 말했다. 바이든 행정부 4년 내내 이런 분위기가 극적으로 바뀔 가능성은 낮다.[21]

앞으로 추가로 만들어질 교착도 있다. 갈수록 힘과 덩치가 커지는 인도는 국제사회에서 중국과 비슷한 대우를 원하며 목소리를 높일 것이다. 유럽과 아시아의 약소국들은 스스로 힘을 키우지 않으면 주변 강대국들의 먹잇감이 되고 안보와 국익을 침탈당할 것이라는 위기감으로 군비 증강을 서두르고 일방적으로 한쪽 편을 들거나 모두 믿지 않는 불신에 빠질 것이다.

중동은 미국과 관계를 끊지는 않겠지만 중국과 러시아와 관계를 강화하면서 양쪽 손을 모두 잡을 것이다. 미국도 과거처럼 중동국가들을 달랠 필요성을 크게 느끼지 않는다. 지구온난화로 화석 에너지 의존도는 낮아지고 전 세계는 탄소 제로 시대를 향해 달려간다. 그럴수록 중동의 가치는 떨어지기 때문이다.

국제정세가 강력한 교착상태에 빠지면 각자도생을 할 수밖에 없다. 각자도생을 모색하면 다극체제, 다극동맹은 필연이다. '다극체제多極體制/multipolar system'는 절대적 힘의 우위를 가진 G1이 사라지고, 대부분의 경쟁국 간의 힘이 비슷해지는 G0 시대G-Zero World를 의미한다.

크고 작은 힘의 충돌을 조절하는 G1이 사라지고, 국제통화기금IMF, WTO, UN 등 국제기구마저 위상이 추락해서 국가 간 합의사항 이행력이 떨어지면서 '국제기구 축소론'과 '역할 재조정론'이 끊임없이 제기되는 상황이다. 지역적·공간적 한계를 넘어서서 포괄적 상호주의로 모두 조화롭게 상생하는 '다자주의多者主義/multilateralism'가 무너지는 상태다. 국제정치 세력이 하나의 절대국가가 주도하는 일극一極이나 2개의 절대국가가 이끄는 양극兩極을 넘어, 힘이 비슷한 여러 강국이 분산되어 대립하는 다극상태다. 세계적인 리더 국가가 없고 불안정이 표준이 되는 상태다.

일부 학자는 강대국 수가 늘어날수록 역설적으로 국제체제가 유연한 균형을 유지할 수 있다는 주장도 한다. 일명, 다극체제 안정론이다. 글로벌 질서체제의 불확실성이 높아지면 상대 국가가 어떤 행동을 할지 판단하고 예측하기 어려워진다. 그러면 각국 지도자들이 신중한 결정을 내릴 확률이 높아지고 결과적으로 전쟁을 선택하지 않을 확률이 낮아진다는 논리다.[22]

일리는 있다. 하지만 다극체제에서는 구심점이 사라져서 동맹 간 이합집산이 잦아진다. 즉 다극동맹이 출현한다.

다극동맹多極同盟/multialliance은 정치동맹과 경제동맹, 기술동맹과 상업동맹이 각기 다르고 수시로 이합집산하는 상황을 의미한다. 이런 상황을 보호무역주의, 지역 블록화, 안보동맹, 자원동맹, 공급망 재편 등 다양한 단어로 설명할 수 있다. 하지만 한마디로 영역에 따라 적과 아군이 달라지고, 서로 복잡하게 동맹, 배신, 무시로 얽힌 '이상한 교착상태'일 뿐이다.

이상한 교착상태의 책임은 전적으로 미국에 있다. 핵심 이유는 미국 경제력의 약화다. 1960년에 미국은 전 세계 GDP의 40%까지 차지했다. 40년 전 미국이 구소련을 무너뜨릴 때도 미국은 전 세계 GDP 중 34%를 차지했다. 경제적으로 경쟁국가도 없었다. 미국은 사우디아라비아와 굳건한 동맹관계를 형성하고 글로벌 에너지 시장도 장악했다. 달러 가치는 무소불위였다. 미국은 이런 경제력을 바탕으로 유럽, 중동, 아시아에서 동맹국을 수호하고 이익을 대변해주었다.

하지만 2010년경부터 미국의 GDP 비율은 23~24%대로 주저앉았다. 반면 1960년에 전 세계 GDP의 4%에 불과하던 중국의 GDP는 2020년에 17.39%로 증가했다. 제4차 중동전쟁 직후 OPEC이 벌인 석유전쟁에 맞서기 위한 모임에서 출발한 프랑스, 미국, 영국, 독일, 일본, 이탈리아, 캐나다 등 G7 국가들의 영향력도 약해지고 있다. 1975년 제1차 G7 정상회의 당시 이들의 GDP는 전 세계의 약 56%를 차지했다. 1970~80년대부터는 G7이 정치, 사회, 문화 영역으로까지 영향력이 확대되었다. 당연히 그 중심에는 미국이 있었다. 하지만 2021년에는 G7이 전 세계 GDP에서 차지하는 비율이 45%로 줄었다. 반면 중국을 비롯한 브라질, 러시아, 인도, 남아공 등 브릭스BRICS(신흥 5개국)의 비율은 1975년 17%에서 2021년 25%까지 증가했다. 당연히 이들의 중심에는 중국이 있다.

미국은 이런 성장의 한계와 쇠퇴 조짐, 중국이라는 강력한 경쟁자의 부상 때문에 어쩔 수 없이 자국 우선 주의를 선택했지만 적극적으로 선택한 측면도 있다.

미국은 제1기축 통화국, 세계 1위 경제대국, 군사강국이다. 사우디아라비아는 전 세계 원유 거래량의 60%를 차지하는 세계 1위 원유 생산국이다. 이 두 나라는 1974년 6월 페트로달러 밀약을 통해 굳건한 동맹관계를 맺었다. 하지만 2007년 셰일혁명이 일어나면서 양국 관계에 균열이 일어났다. 2012년, 오바마 대통령은 연두교서에서 "미국은 100년간 쓸 수 있는 천연가스를 보유하고 있다"라고 자랑했다. 셰일혁명 덕택에 미국은 중동 정세가 불안해져도 1970년대 '석유 파동' 같은 위기를 더 이상 겪지 않을 수 있다는 계산이 섰다. 미국인의 1인당 에너지 소비량 감소와 탈탄소 에너지 정책 확대도 부수적인 이유였다.

셰일혁명은 미국에는 석유와 천연가스의 중동 의존도를 낮추는 계기를 만들었지만 사우디아라비아를 비롯한 OPEC 회원국에는 미국을 생존을 위협하는 경쟁자로 인식하게 했다. 여기에 2020년 대선 경선 때 바이든 대통령이 언론인 자말 카쇼기 암살 사건(2018년 10월)의 배후로 사우디아라비아 살만 왕세자를 지목하면서 양국 관계는 더욱 껄끄러워졌다.

셰일혁명 이후 미국은 이라크와 시리아에서 발을 뺐다. 아프
가니스탄도 전략적 가치가 떨어졌다. 과거에는 '2개의 전쟁' 원
칙을 고수하는 과정에서 발생하는 막대한 경제적 비용 부담을
에너지 확보로 상쇄할 수 있었다. 곧 미국은 '에너지 자급자족'
에 성공한다. 미국은 에너지 확보를 위한 전쟁을 할 필요도, 동
맹국 보호 비용을 지출할 이유도 없어졌다. 국익에 도움이 되지
않기 때문이다.

2008년 서브프라임 모기지 사태로 미국 경제가 휘청였다.
2012년 1월, 오바마 행정부는 군비 축소 필요성을 명분으로 미국
이 유럽과 아시아에서 2개의 주요 전쟁을 동시 수행하는 능력을
유지한다는 '2개의 전쟁' 독트린을 포기했다. 그리고 아시아·태
평양 쪽의 하나의 전쟁에서만 승리하고 다른 한 지역(유럽과 중동)
에서는 전쟁 억제만 한다는 '원 플러스' 독트린으로 전환했다.
이른바 '재균형 정책'의 시작이었다.

트럼프 행정부는 이런 미국의 변화를 직설적으로 표현했다.
NATO에 대해 유럽국가들이 미국에 '안보 무임승차'를 하고 있
다고 주장했다. 유럽이 미국을 버린 것이 아니라 미국이 유럽을
거추장스럽게 생각했다. 트럼프 대통령은 7,400만 명이 넘는 백
인과 중산층 상당수가 미국이 세계에서 리더 역할을 하기보다
자국민의 일자리와 미국 우선주의를 먼저 챙기기를 원하는 심
리를 파고들었다. 미국으로 공장을 빼앗아오고 미국산 제품 수

출을 늘려서 지지자들을 기쁘게 하기 위해 동맹국에도 으름장을 놓았다.

바이든 행정부는 과거의 신뢰받는 미국으로 되돌아가겠다고 약속했다. 바이든 대통령은 북미와 유럽을 넘어 호주, 일본, 한국 등 '가치와 목적을 공유하는 국가들'과 협력하고, 인도에서 인도네시아에 이르기까지 파트너십을 깊게 다지며 이스라엘과 안보 약속을 지킬 것이라고 말했다.[23]

하지만 이 말을 문자 그대로 믿는 나라는 많지 않다. 아니, 바이든이 약속을 지키고 싶어도 미국 내 문제가 만만치 않다. 세계화, 자유무역주의는 월가 투자자에게는 유익하지만 러스트벨트, 팜벨트, 오일벨트 등 쇠퇴 산업 지역과 미국 제조업 일자리에는 불리하다.

미국이 값싼 물건을 대거 수입하는 것은 경제 전체에는 유익하지만 수입산으로 대체되는 국내 산업, 제품, 일자리는 직격탄을 맞는다. 미국이 동맹국과의 교역에서 발생하는 무역적자를 용인하고 동맹국의 안보를 지키기 위해 막대한 국방비를 지출하는 것은 미국의 신뢰를 높이는 데 유익하지만 일자리와 국가 재정 분야에서 치러야 할 대가가 너무 크다.

현재 미국 안에서는 일자리에 대한 분노와 좌절이 커지면서 극단적 분열, 정치적 내전상태까지 이르고 있다. 이 때문에 바이든 행정부는 '미국 중산층을 위한' 외교정책을 펼칠 것이라고 밝히고 있다. 미국 내 경제 재건, 중산층의 요구 수용, 일자리 문제로 고통받는 쇠락 지역을 우선시하는 정책은 다음 행정부에서도 이어질 가능성이 높다.

바이든 행정부는 트럼프의 무역정책을 비난했지만 미국에 유리한 조항은 그대로 유지했다. 무역정책의 큰 틀도 (오바마처럼) 국내에서부터 출발한다. 트럼프의 막무가내식 보호무역주의를 벗어나 글로벌 무역과 투자를 장려하는 듯 보이지만 한 꺼풀 벗기면 좀 더 영리한 보호무역주의 시행에 불과하다.

바이든 행정부의 글로벌 군사 및 외교 정책도 오바마, 트럼프 행정부보다 미국 우선주의에 더 기댄다. 극단적 테러 집단에 맹목적으로 집착하고 다른 나라의 체제 전환을 시도하는 정책에서 벗어나길 원한다. 미국의 힘과 이익 회복에 집중하고 미래의 위협(중국과 러시아)에만 관심을 가지려 한다. 바이든 행정부는 러시아의 우크라이나 침공에 목소리를 높였다. 오바마 행정부가 포기한 '2개의 전쟁' 독트린도 다시 꺼내 들었다. 미국은 러시아와 중국이라는 2개의 거대한 적과도 동시에 싸워서 승리할 수 있다고 호기를 부렸다.

하지만 허장성세에 불과했다. 미국은 시종일관 러시아와 정면 대결을 피하는 모양새를 취했다. 전쟁과 갈등이 확장되면 국력 소모만 커진다는 판단 때문이다. 이것이 '바이든식 미국 우선주의'다.

현재 미국 정부는 복지·경제 관련 예산 압박이 갈수록 커지고 있어서 군비 확대 여력이 없다. 반면 러시아와 중국의 국방비 증강은 빨라진다. 오바마의 '2개의 전쟁' 독트린 포기, 트럼프의 미군 철수, 바이든의 군사 불개입주의는 특정 정파나 대통령 개인의 신념으로 탄생한 정책이 아니다. 미국의 구조적 문제다. 구조적 문제이기에 쉽게 바뀌기 힘들다.

2015년, 미국은 인구구조상 고령사회(전체 인구의 14%가 65세 이상)에 진입했다. 2050년에는 65세 이상 인구가 22.1%로, 초고령사회로 진입한다. 세계 제1의 부자 나라 미국도 노인 빈곤 문제와 사회보장연금 재정 마련 문제가 심각해진다. 현재 미국의 65세 이상 고령인구 90% 이상이 각종 연금에 의존한다. 미국에서는 이 문제를 해결하기 위해 은퇴 시기를 67세까지 늦춰야 한다는 목소리가 높다. 현재 미국인 55세 이상 중 약 30%는 은퇴를 대비한 저축이나 연금이 없다. 미국 내에서도 부자 주로 손꼽히는 캘리포니아주조차 65세 이상 빈곤율이 10년 전보다 2배나 늘어났다.[24]

제4차 산업혁명이 가속되면서 러스트벨트, 팜벨트, 오일벨트 등 쇠퇴 산업 지역 일자리 감소 문제와 경제성장률 하락 문제도 쉽게 해결되기 힘들다. 구조적 문제를 완화하려면 경제력이라도 강해야 한다. 하지만 미국의 경제력이 모든 나라를 압도했던 영광의 시절로 돌아가는 것은 거의 불가능하다. 전 세계 GDP에서 현재 미국이 차지하는 비율(23~24%)은 시간이 갈수록 낮아질 가능성이 높다.

이런 구조적 문제와 변화 때문에 미국 우선주의는 장기간 이어질 가능성이 높다. 미국이 자국 우선주의를 중심에 두는 한 군사, 무역, 산업, 금융 등에서 동맹국과 우방을 적극 보호하는 정책 구사는 예전만 못할 것이다.

이 정책 방향이 바뀌지 않는 한 국제사회도 과거처럼 미국을 전적으로 신뢰하지 않을 것이다. 그렇다고 미국이 국제사회 주도권을 순순히 포기하지도 않을 것이다. 결국 미국을 능가하는 절대적 힘을 가진 새로운 질서 유지 국가가 출현하기 전까지는 국제사회에서 영역에 따라 적과 아군이 달라지고, 서로 복잡하게 동맹, 배신, 무시로 얽힌 '이상한 교착상태'는 지속될 가능성이 높다.

이익에 따라
움직이는 국제질서

다극체제와 다극동맹이 표준이 되는 이상한 교착상태에서 국제
질서의 새로운 동맹과 연합의 기준은 무엇이 될까? 규범이나 이
념이 아니다. 혈맹으로 맺어진 신뢰도 아니다. 관용과 협력의 시
대는 쇠퇴하고, 마키아벨리식 힘의 시대가 뉴 노멀이 된다. 팬데
믹 이후 자국 경제 재건(뉴딜)도 힘 회복을 위한 핵심이다. 미국
과 중국 간에 군사적 힘겨루기는 가속화될 것이다. 유럽도 미국
에서 벗어나 유럽만의 군대를 만들고자 하는 생각을 실제 행동
으로 옮길 것이다.

2019년 11월, 마크롱 프랑스 대통령은 NATO가 뇌사상태에
빠져 있고 유럽은 러시아, 중국, 미국 사이에 끼어서 몽유병자처
럼 걷고 있다고 평가하면서 유럽이 '전략적 자주성'을 좀 더 갖
춰야 한다고 목소리를 높였다.[25] 그렇다고 유럽이 하나로 단단
히 뭉치는 것도 쉽지 않다. 유럽 내에서도 독일, 프랑스, 영국은
힘겨루기 경쟁을 할 것이다. 2018년, 마크롱 대통령은 인도양과

태평양에 자국령 섬들을 가진 '힘의 투사'라는 이미지를 유지하기 위해 인도·태평양 정책도 발표했다.

EU에서 탈퇴한 영국도 '글로벌 브리튼Global Britain'을 기치로 내걸고 인도·태평양 지역에서의 영향력 확대를 모색 중이다.[26] 러시아도 유럽과 아시아에서 힘을 기반으로 한 패권 확장을 멈추지 않을 것이다. 이 과정에서 중국과 긴밀한 관계를 강화하면서 동시에 서로 견제하는 묘한 상황이 벌어질 수도 있다.

21세기는 우주 패권을 둘러싼 경쟁도 치열해진다. 미국, 중국, 일본, 프랑스 등은 우주 자원 개발이라는 속내를 품고 우주군 창설과 증강 경쟁을 시작했다.

힘만큼 중요한 뉴 노멀은 이익이다. 이익도 큰 이익, 작은 이익을 따지지 않는다. 말 그대로 '한 푼의 이익'이라도 더 많은 것이 기준이 되는 '쩨쩨한 미래small-minded future'(옹졸한 미래)가 우리를 기다린다.

동맹이라는 이유만으로 도움을 주고받던 시절은 끝났다. 동맹 간 신뢰가 약해질수록 힘과 이익을 기준으로 적과 아군을 판가름하는 흐름만 거세진다. 오랫동안 미국과 전략적 동맹을 맺었던 사우디아라비아는 자체 탄도미사일 제조를 위해 미국의 최대 적국인 중국과 손을 잡았다.[27]

러시아가 우크라이나를 침공하자 미국은 러시아에 대한 제재를 호소했다. 한국, 독일, 영국, 프랑스, 이탈리아, EU, 캐나다, 일본, 호주 등은 미국이 주도하는 제재에 동참했다. 하지만 중국,

인도, 인도네시아, 터키, 사우디아라비아, 멕시코, 브라질, 아르
헨티나, 남아프리카공화국 등은 러시아 제재에 불참(무반응, 침묵,
반대)했다. 전쟁 이후 득실을 계산하고 있는 것이다.

국제사회에서 공정을 요구하는 것은 순진한 생각이 될 것이
다. 특히 제4차 산업혁명기의 기술과 산업은 2등은 필요 없는
승자 독식 특성이 강하다. 승자 독식, 제로섬 게임에서는 상대를
죽이지 않으면 내가 죽는다. 동맹국 간에도 피 튀기는 경제 및
산업 전쟁을 불사해야 한다. 규범, 이념처럼 고상한 명분을 고집
하기 힘들다.

미국 내 사회주의와 민주주의가 혼재되고 한국에서도 좌파와
우파의 경계가 사라졌다. 유럽은 그렇게 된 지 오래다. 중국에도
자본주의가 만연하다. 혈맹도 약화된다.

미국과 중국이 앞장서서 이런 분위기를 만들고 있어서 유럽
이나 아시아 국가들이 흐름을 거스르기 힘들다. 강대국들이 자
국 산업의 쇠락을 막기 위해 이민 문턱을 높이고, 국제기구와의
협약을 깨고, 세계를 돌며 각종 청구서를 들이밀면서 힘과 이익
이 새로운 규범이라고 강요한다.

미국과 중국이 포문을 열자 EU, 일본, 인도 등도 비난하면서
따라 하기 시작했다. EU는 '유럽 외국인 투자 검열 틀'을 도입하
여 민감한 기술과 핵심 인프라 투자 영역에 외국인이 진입하는
것을 규제하면서 자국 기업의 이익 보호 의사를 노골적으로 드
러냈다. EU 내에서는 돈 때문에 '절약하는 4개국'(오스트리아, 덴

마크, 네덜란드, 스웨덴)과 '부실한 남부 국가'(이탈리아, 스페인, 그리스 등) 사이의 불신이 깊다. 인도는 반덤핑 관세 278건과 세이프가드 4건 등 전 세계에서 수입 규제를 가장 많이 하고 있다. 일본은 한국에 대한 핵심 소재 수출 규제를 서슴지 않고 있다.[28]

앞으로 강대국들은 이익을 같이 하는 나라끼리만 연대를 강화하고, 이익이 충돌하거나 힘이 약한 다른 나라들은 배제하거나 무시하는 전략을 구사할 것이다. 힘이 약한 나라는 미국과 중국이라는 두 나라 사이에서 저울질할 수 없다. 어느 한쪽을 분명하게 정해야 한다. 그러지 않으면 미국과 중국이 주도하는 경제 블록에서 모두 퇴출당할 수도 있다. 다양한 무역 공격을 받을 수 있다.

속지 말라. 겉모양은 미국 중심의 서방 네트워크와 중국·러시아 연합의 권위주의적 네트워크의 충돌이 국제정세의 새로운 표준처럼 보인다. 사회주의와 민주주의 대립 패러다임이 부활하는 것처럼 보인다. 하지만 실제로는 동맹 간에도 힘과 이익 대결이 더 우위에 있는 표준이다. 그리고 힘과 이익이 우선시되면 애국주의, 민족주의, 보호주의는 저절로 강화된다.

극단적 갈등만
남은 미국 정치

2017년 미국 백인 서민과 중산층, 소외계층의 지지를 등에 업고 트럼프가 제45대 대통령으로 당선되면서, 미국의 국내정치는 교착상태에 빠져들기 시작했다. 민심도 둘로 쪼개져 치열하게 맞섰다. 2020년 대선에서 트럼프는 재선에 실패했지만, 대선 불복, 자기중심적 권력 의지, 책임 전가와 희생양 만들기, 백인 민족주의, 관용 없는 사회, 유사 파시즘(민주주의로 포장된 독재), 모든 것의 정치화, 음모론, 극단적 진영 대립과 분열, 민주주의 위기 등이라는 유산을 남겼다.[29]

바이든 행정부는 정권을 탈환하고 하원 다수당 사수에 성공했지만 상원의원 선거에서 50 대 50 동석을 기록하면서 교착상태 해소에 실패했다. 바이든 행정부의 각종 주요 법안은 번번이 발목을 잡혔다. 설상가상으로 민주당 중도파 반란표도 종종 나오면서 백신 의무화 확대 법안, 추가 인프라 법안 등에도 제동이 걸렸다. 바이든 대통령의 인기는 역대 가장 빠른 속도로 떨어지고, 공화당과 트럼프 지지자들의 반대와 견제가 거세지면서 임기 1년 만에 레임덕 위기에 빠졌다.

2022년 1월 16일, 미국 CBS 방송과 여론조사업체 유고브가 실시한 조사에 따르면 응답자 50%가 바이든 대통령 취임 이후 1년 동안 '좌절감을 느꼈다'고 답했다. '실망했다'는 49%, '불안했다'도 40%였다. '만족했다'와 '차분했다'는 각각 25%에 불과했다. 바이든 대통령의 경제정책을 '지지한다'는 38%, '반대한다'는 62%나 됐다. '바이든 대통령이 트럼프 전 대통령보다 낫다'는 응답은 45%로 2020년 대선 당시 전국 득표율 51.3%를 훨씬 밑돌았고(트럼프 전국 득표율은 46.9%), '미국이 좋아지고 있는가'라는 질문에 긍정 응답은 26%에 불과했다.[30]

공화당에는 트럼프가 불 붙여놓은 우파 포퓰리즘 유산이 여전히 힘을 발휘하고 있다. 공화당 내에서 '하이힐의 트럼프'라고도 불리는 마조리 테일러 그린 하원의원은 바이든 행정부의 백신 접종 확대 정책을 나치 독일 정권 당시 홀로코스트에 비유하며 큰 논란을 불러일으켰다. 공화당 하원 서열 1위인 케빈 매카시 공화당 원내대표가 홀로코스트 비유 발언을 "끔찍하다"고 비난하며 무마를 시도했지만, 공화당과 트럼프 지지자들 내에서 이런 극단주의적 주장에 동조하는 이들이 늘어나고 있다. 온라인 매체 〈악시오스〉는 미국이 '블루 아메리카'(민주당 지지세력), '레드 아메리카'(공화당 지지세력), '트럼프 아메리카'(트럼프 지지세력)로 분열되어 있다고 분석한다.

2022년 11월에 미국의 중간선거가 끝나면 미국 워싱턴 정계의 교착상태는 더 심화될 가능성이 높다. 심판론으로 민주당이 상하원을 모두 내주면 최악의 상황이 된다. 세금, 정부 지출, 재산권 규제에 영향을 미치는 대규모 법안이 무산되거나 지지부진할 가능성이 높다.

2024년 미국 대선도 바이든, 트럼프, 힐러리 등이 주요 대선 주자다. 이들은 미국 국내정치를 교착상태에 빠지게 하거나 해소하지 못한 인물들이다. 따라서 누가 되든 미국 국내정치의 교착상태가 장기간 지속될 가능성이 높다.

2022년, 트럼프는 백악관을 되찾겠다고 외치면서 지지층을 결집하기 시작했다. 독자적인 SNS를 구축해 확증편향을 증폭하는 선거운동도 시작했다. 미국 정치가 교착될수록 트럼프의 인기는 올라간다. 트럼프가 재선에 성공하면 미국은 물론이고 전 세계가 다시 혼돈에 빠지고 교착상태는 심화된다.

필자의 예측으로는 이런 식의 국내정치의 교착상태가 미국뿐만 아니라 다른 주요 선진국들에서도 일정 기간 트렌드가 될 가능성이 높다. 이탈리아, 프랑스, 영국 등에서는 정치적 교착이 이미 시작되었다. 독일도 메르켈 정부 이후 정치적 교착 조짐이 보인다. 일본도 아베가 물러난 이후 정치적 혼란과 교착에 빠졌다.

한국도 박근혜 대통령 탄핵을 기점으로 국론과 민심이 극단적으로 분열되기 시작했다. 제20대 대통령을 선출하는 선거는 0.76%p(23만 표)라는 역대 최소 차이로 승패가 갈렸다. 무효표

30만 표보다 적은 격차다. 선거가 끝나고 인수위가 출범하자마자 청와대 이전을 놓고 기존 권력과 미래 권력의 갈등, 여야의 대립, 민주당과 국민의힘 지지층의 여론 분열과 대립이 끓어올랐다. 대통령 권력은 교체되었지만 국회는 민주당이 압도적 우위를 유지 중이다. 자칫하면 앞으로 5년 내내 정치 개혁, 예산, 입법 등을 비롯해서 곳곳에서 정치적 교착상태가 일어날 가능성이 높다.

자본주의 국가, 민주주의 국가에서 국내정치가 교착상태에 빠지는 원인은 경제 불안, 부의 불균형 분배 심화, 각종 사회적 불평등, 차별, 이념 극단 대립, 미래 불안, 정치 불신, 리더십 불안, 극단적 정치 갈등 등이다.

증시는 단기적으로는 교착상태에 우호적으로 반응한다. 교착상태는 정책 변화가 일어나지 않고 현 상황이 그대로 유지되는 '스타투스 쿠오Status Quo' 상태를 만든다. 복잡한 정책 변수가 사라지면 시장은 실물경제만 고려하면 된다. 하지만 협상의 예술이라고 불리는 정치에서 교착상태가 장기화되면 국민의 생활은 피폐해지고 국가 경제도 역동성을 잃는다. 증시도 상승 동력을 잃는다. 종국에는 사회적 갈등이 해소되지 못하고 대립과 증오가 극에 달하면서 내전상황으로까지 발전한다.

미국에서는 이런 조짐이 이미 보인다. 2021년 1월 6일, 총, 폭발물, 흉기로 무장한 트럼프 대통령 지지자들이 워싱턴 의사당을 습격하여 의회 경찰관 등 5명이 사망하고 수십 명이 부상당하는 사상 초유의 사건이 발생했다. 제46대 미국 대통령 선거 결과에 불복하며, 바이든 당선 인증을 위한 제117차 미국 의회 소집을 무력화하기 위한 공격이었다. 트럼프는 습격자들은 "특별한 사람들", "위대한 애국자들"이라고 지칭했다. 미국 의회가 공격을 당한 것은 1812년에 미국과 영국이 벌인 전쟁 이후 처음이다. 문제는 의회의사당 무장습격 사건에 대해서 공화당 지지자 35%가 '이해한다'는 대답을 했다는 것이다.[31] 증오, 갈등, 규범 파괴 등이 소수의 광기에 그치지 않고 대중성을 얻어가고 있다는 의미다.

　의회의사당 무장습격 사건은 미국 내 깊이 묻혀 있던 상처와 분열을 곧바로 자극했다. 2021년 1월 25일, 버지니아주 주도이고 남북전쟁 당시 남부연합 수도였던 리치먼드 중심가에 세워진 리 장군(남부연합 전쟁영웅)의 대형 동상 주위에 거대한 펜스가 설치됐다. 흑인들이 몰려들어 철거를 요구했고 백인 민족주의와 총기 소유 지지단체는 맞불 집회를 열었다. 웨스트버지니아주 주도 찰스턴에 있는 또 다른 남부연합 전쟁영웅 스톤월 잭슨 동상에서도 양 진영의 대립이 일어났다. 사우스캐롤라이나주에서는 자동차 번호판에 남부연합 깃발을 새기는 것을 금지하는 안이 추진되었다.[32] 끝난 줄 알았던 남북전쟁의 망령이 여전히 미국 내에서 떠돌아다니고 있다는 반증이다.

　의회 습격 사건은 향후 극우단체들의 선전선동의 '성공작'이 될 가능성이 높다. 의회 습격 사건 이후 '프라우드 보이스Proud

Boys', '오스 키퍼스Oath Keepers', '부갈루Boogaloo', '신나치주의' 등
극단주의 단체 내에서는 게릴라 투쟁, 폭발물 제작 방법 등이 공
유되기 시작했다. 앞으로 수년간 비슷한 유의 폭력행사의 동기
부여 및 세력 확대가 지속될 가능성이 다분하다.

이런 극단적 행동이 아니더라도 미국인이 서로를 적으로 여
기는 분위기도 다시 높아지는 추세다. 1991년 3월 3일, 강도, 폭
행, 절도 등의 범죄를 저지르고 가석방 상태에 있던 로드니 킹이
210번 고속도로에서 과속을 하다가 LA 경찰국 소속의 백인 경
찰관 3명과 히스패닉 경찰관 2명에게 쫓기다 붙잡혔다. 로드니
킹이 경찰관에게 폭력을 휘두르며 난폭하게 저항하자 경찰관도
폭력으로 대응했다.

체포 과정에서 로드니 킹은 청각장애를 얻고 외상후스트레
스장애PTSD가 생겼다. 심지어 뇌가 손상되었고 골절된 부위가
11곳이나 되었다. 피투성이가 된 로드니 킹이 경찰서에 끌려가
는 장면이 방송사에 제보되고, 과잉폭력으로 기소된 경찰관의
혐의가 무죄로 평결되자 분노한 LA 거주 흑인들이 거리로 몰려
나와 시위를 벌이기 시작했다. 시간이 갈수록 상황이 악화되면
서 시위는 폭동으로 번졌고 급기야 무장한 히스패닉 갱단까지
합세하며 곳곳에서 방화 및 약탈, 총격전이 벌어지며 사상자가
속출했다.

폭동이 내전 수준으로까지 번지며 경찰의 진압능력을 넘어서
자 조지 H. W. 부시 대통령은 캘리포니아 주방위군 육군 병력

6천 명, 연방 육군 제7보병사단 2천 명과 제40보병사단 헌병중대, 미합중국 제1해병사단 병력 1,500명과 제1경기갑정찰대대와 LAV-25 장갑차 투입 명령을 내렸다. 제82공수사단 공수부대 대대에도 대기 명령을 내렸다.

폭동 진압에 연방군이 동원된 것은 1968년 마틴 루서 킹 암살 이후로 처음이었다. 총 1만 3,500명에 이르는 사단급 정규 군대와 LA 경찰 전 병력이 함께 투입되어 5월 4일에 폭동은 종결되었지만 공식 집계된 사망자는 58명, 부상자는 2,383명, 체포된 사람은 1만 3,779명에 달했다. 폭력과 약탈에 직접 노출된 한인사회는 상당한 피해를 입었다. 최종 집계된 한인사회의 피해는 2,300여 개 점포 손실, 최소 3억 5천만 달러 규모였다.

LA 폭동 사건 이후 30년 동안 미국 내에서는 내전에 준하는 사태가 발생하지 않았다. 하지만 트럼프 행정부는 임기 4년 내내, 30년 동안 수면 아래로 가라앉았던 미국 내 인종갈등을 다시 끓어올렸다.

2020년 8월 25일에 위스콘신주 커노샤에서 트럼프 대통령을 지지하는 17세 백인 청소년이 '흑인의 생명도 소중하다Black Lives Matter'를 외치는 흑인 시위대를 향해서 자동소총을 난사하여 2명을 숨지게 했다. 현재 미국은 오랫동안 누적된 빈부격차, 부의 불균형 분배, 백인과 유색인종 간의 인종갈등이 극심한 정치적 분열로 분출되고 있다.

미국 경제에서 소외된 러스트벨트, 팜벨트, 에너지벨트에 있는 백인 서민층 노동자는 백인 우월주의, 미국 우선주의를 외치고 있다. 이들은 여전히 트럼프가 재선에 성공하여 이민자와 중국 등에게 빼앗긴 자신의 일자리를 되찾아줄 것을 바라고 있다. 트럼프를 지지하지 않더라도 미국인 상당수는 불평등과 양극화 심화, 높은 의료비용으로 대변되는 사회복지 시스템에 불만이 많다.

2022년 현재 미국의 부의 불균형 분배는 대공황 직전 수준까지 근접한 상태다. 소수가 국가 전체의 부의 대부분을 장악하는 시스템이 고착되면 국민은 이런 사회를 '약탈사회'라고 규정하고 벌 떼처럼 일어난다. 국민 봉기다.

2011년 9월 17일, 미국 사회의 경제 불안과 부조리에 항의하는 '고학력 저임금 세대' 30여 명이 '월가를 점령하라Occupy Wall Street'는 구호를 외치며 월가로 행진했다.

국민이 약탈사회에 분노할 때 현명하고 유능한 정치 지도자가 나타나서 이 문제를 해결하면 사회는 곧바로 안정된다. 하지만 불만과 분노에 찬 국민을 편을 갈라서 자기의 정치적 이익에 이용하는 나쁜 정치인이 늘어나면 사회는 내전상태에 빠진다. 정치적 교착상태는 극대화된다.

글로벌 공급망이
막힌다

2021~2022년 코로나19 팬데믹과 러시아와 우크라이나 전쟁 등으로 글로벌 공급망의 병목현상이 극에 달했다. 코로나19와 러시아와 우크라이나 전쟁이 종식되면 글로벌 공급망 병목현상이 바로 해소될까? 아니다. 2가지 재앙이 끝나면 일부 해소는 가능하지만 코로나19 발생 이전 수준으로 되돌아가려면 생각보다 시간이 오래 걸릴 수 있다. 글로벌 공급망 병목현상의 표면적 이유는 코로나19와 러시아와 우크라이나 전쟁이지만, 심층적 이유는 미·중 패권전쟁과 국제정치의 교착이기 때문이다.

이런 모든 것을 종합할 때 필자는 코로나19 종식 이후 글로벌 공급망은 병목현상에서 교착상태로 전환된다고 예측한다. 이 2가지는 다르다.

병목현상bottleneck은 넓은 길이 병의 목 부분처럼 갑자기 좁아짐으로써 일어나는 혼잡, 정체다. 코로나19 팬데믹으로 공장이 문을 닫고 노동자가 부족해지고 사람과 물건의 이동에 제약이 발생했다. 그 결과 제품 생산속도가 느려지고, 수출입 선박의 항구 대기시간이 길어지고, 항만이 혼잡해지고, 컨테이너가 육상의 병목현상으로 제때 되돌아오지 못했다. 운임경쟁이 과열되면서 비용은 치솟았다. 정체와 혼잡이다.

2021년 12월, 뉴요커의 기호식품인 베이글이 공급 부족으로 판매에 차질을 빚은 사건이 벌어졌다. 코로나19 팬데믹으로 노동력 공백이 생겨서 크림치즈 생산량이 감소하고 트럭 운전사가 부족해지면서 생긴 일이다. 한동안 맥도날드는 감자튀김 없는 햄버거를 판매했다. 감자를 실어 나르는 해상운송에 장애가 발생했기 때문이다. 이런 문제는 목이 넓어지면 자연스럽게 해결된다.

반면 교착상태는 뒤엉키며 움직임이 둔화되는 상태, 경쟁을 벌이는 양측의 갈등이나 이해충돌로 '갈등이 과잉된 상태로 말미암아 앞으로 나아가지 못하거나, 중단되거나, 방해받는 상황'이다. 교착이 풀리려면 경쟁을 벌이는 양측 간의 갈등이 해소되어야 한다.

코로나19 종식 이후 글로벌 공급망은 일부 숨통이 트이겠지만 미·중 패권전쟁과 국제정치 교착이 지속되면서 다양한 방해를 받을 것이다. 쉽게 말해 공급망 병목현상은 풀리지만 교착상태에 빠지게 된다.

공급망 교착 문제는 글로벌 공급망이 싼 곳에서 신뢰할 만한 생산지역으로 전환하거나 최단거리로 공급망을 재조정하는 등

구조적 변화, 다극동맹하에서 무역동맹의 재편, 다극체제하에서 벌어지는 원자재 공급전쟁 적응 등이 완료되어야 해결된다. 이런 변화에는 시간이 오래 걸린다.

2021년 2월, 바이든 대통령은 반도체, 배터리, 희토류, 의약품 등에 대한 공급망 재검토 행정명령에 서명했다. 공급망 재검토의 기본은 공장 이전이다. 미국이 중국과 디커플링을 목적으로 공장을 이전하는 데는 시간이 필요하다.

공장 이전보다 시간이 더 걸리는 것이 있다. 원자재 수입처 전환이다. 미·중 패권전쟁이 심해지면 자동차, 스마트폰, 전자제품, 건축자재 등 다양한 곳에 사용되는 알루미늄 합금에 필요한 마그네슘 공급에 문제가 생긴다. 미·중 패권전쟁의 당사자인 중국이 마그네슘 최대 생산국이기 때문이다. 2차전지의 양극재에 사용되는 수산화리튬 공급에 문제가 생기면 배터리 생산에 치명적 위기가 발생한다. 반도체도 원자재 공급부터 생산에 이르기까지 전 과정이 미·중 패권전쟁에 직접 영향을 받는다. 이런 품목이 국제정치 교착과 연동되는 것이 공급망 교착이다.

러시아와 우크라이나 전쟁도 공급망 교착을 현실화할 힘이다. 러시아는 원유, 천연가스, 곡물, 희소광물 최대 공급국가 중 하나다. 단기적으로는 러시아와 우크라이나 전쟁이 종식되더라도 미국과 EU의 러시아 경제 제재가 상당 기간 이어질 것이다. 그러면 러시아산 원자재와 자원 공급 문제가 지속될 수 있다. 경제 제재가 끝나도 안심할 수 없다. 러시아의 우크라이나 침공이 일어나자 '세계화의 끝장'을 염려하는 전문가가 늘어났다.

러시아와 우크라이나의 전쟁은 지난 몇십 년 동안 미국이 중동에서 벌인 전쟁과 달랐다. 미국이 과거 중동에서 벌인 전쟁들은 최소한 겉으로는 인류의 공존을 위협하는 테러와 대형살상무기에 대한 응징 차원이었다. 그래서 중국, 러시아, 유럽 등 주요 강대국들이 미국의 침공을 직간접적으로 지지했다.

하지만 러시아의 우크라이나 침공은 전혀 성격이 다른 전쟁이다. 러시아가 미국과 EU을 겨냥해서 자국의 패권 확대, 구소련 제국의 부활을 목적으로 벌인 일방적인 영토 전쟁이었다. 러시아는 미국과 서방의 경고를 단칼에 무시하고 일방적으로 전쟁을 개시했다. 러시아는 자국의 행보를 방해하면 미국과 유럽을 향해서 핵폭탄도 쏠 수 있다고 협박을 서슴지 않았다.

러시아의 행보는 우크라이나에서 멈추지 않을 가능성이 높다. 옛 소련 영토였던 국가 중에서, 러시아가 침공과 점령 전략을 재사용할 가능성이 높은 지역이 더 있다. 필자가 예측하는 러시아의 그다음 타깃은 NATO 가입 신청을 한 조지아의 남은 영토와 NATO 라인과 인접하고 있으며 분쟁지역인 아르메니아와 아제르바이잔이다.

2008년 8월, 조지아 군대가 분리 독립을 주장하는 트빌리시 북쪽의 남오세티야자치공화국을 공격했다. 그 과정에서 남오세티야에 주둔해 반군을 지원했던 러시아 평화유지군도 공격을 받았고 사망자가 발생했다. 이를 빌미로 러시아는 조지아를 전격 침공하여 5일 만에 항복을 받아내고 영토 일부를 장악했다. 러시아의 다음 목표는 조지아 전체 혹은 점령지 확대다. 2020년 9월 27일, 아르메니아와 아제르바이잔 양국은 분쟁지역에서 전쟁을 벌였다. 러시아의 지원을 등에 업은 아제르바이잔이 승기를 쥐었고, 전쟁 발발 40여 일 만에 아르메니아가 항복을 했다. 러시아는 전쟁 종식 선언 과정에 관여하면서 영향력을 높였다.

현재 아르메니아는 NATO 가입 신청을 하지 않았다. 하지만 아르메니아가 러시아의 손아귀에서 빠져나오기 위해 NATO 가입을 신청하면 러시아는 영토 분쟁이나 내전 종식을 명분으로 즉각 침공을 시도할 것이다. 러시아는 아르메니아가 NATO 가입을 하지 않더라도 실질 지배 영향력 확대 야심을 멈추지 않을 것이다.

앞으로 미·중 패권전쟁과 미국과 러시아, 러시아와 EU의 패권전쟁이 겹치면 세계화가 진짜 끝장날 수도 있다. 세계화는 비교우위의 이점을 강조한 국제경제학 이론을 명분으로 이념이나 적대국가 지정과 상관없이 비용과 편익만을 고려한 국제 분업 네트워크를 만들었다. 부가가치가 높은 연구·개발 등은 자국에서, 부가가치가 낮은 조립·생산은 비용이 낮은 국가에서 추진하는 형태였다.

20세기 후반에 들어서면서 러시아, 중국 등도 이념보다는 경제발전을 앞세우면서 낮은 임금을 무기로 서방세계가 발주하는 생산을 담당했다. 세계화가 끝장나면 이런 구조도 끝장나고 새로운 구조(2~3개로 갈라진 공급망 혹은 핵심 공급망을 자국 내에 직접 두는 역내 귀환 등)가 만들어질 때까지 글로벌 공급망 교착상태도 지속된다.

3

스탠딩 웨이브

Standing Wave

고속질주의
끝은 공멸

코로나19 팬데믹 이후 엔데믹 세상을 설명하는 세 번째 단어는 끓어오름, 출렁임 등을 묘사하는 '스탠딩 웨이브Standing Wave'다. 스탠딩 웨이브는 고속주행 시 타이어 접지부에 열이 축적되어 접지부 뒤쪽이 부풀어 물결처럼 주름이 접히는 현상(파상波狀)이다. 자동차 타이어는 하중을 받으면 눌려서 납작하게 변형되지만 하중이 없어지면 내부 공기압력으로 원상태로 복원된다. 그러나 고속주행으로 접지부에 생긴 타이어 변형(주름)이, 다음 접지 시점까지 복원될 겨를이 없을 정도로 타이어 회전속도가 빨라지면 접지부 뒤쪽에 변형 부위가 겹쳐 큰 물결처럼 남는다. 그 물결 모양이 수직으로 서 있는 것처럼 보인다고 해서 스탠딩 웨이브라고 한다.

뚜렷한 스탠딩 웨이브가 발생하면 타이어 온도가 급속히 증가하고 이 상태에서 주행을 계속하면 타이어는 파손된다.[33]

필자는 '스탠딩 웨이브'라는 표현을 변혁의 초기에 다양한 영

역에서 발생하는 경계 파괴, 용해, 혼돈과 무질서 상태에서 일어
나는 변형과 뜨거운 열기를 가리킬 때 사용한다. 변혁의 초기에
는 곳곳에서 교착이 발생하지만, 동시에 곳곳에서 열기가 끓어
오르고 변형이 발생하고 출렁임이 일어난다.

국제정치가 교착상태에 빠지면서 국가 간 교류에 변형이 발
생하고 갈등이 심화되는 것도 스탠딩 웨이브 현상이다. 국제정
치가 교착상태에 빠지면서 공급망 교착이 발생하여 원자재 가
격이 고공행진을 벌이는 상황도 스탠딩 웨이브 현상이다. 국내
정치가 교착에 빠져서 양 진영 간에 갈등이 격화되는 것도 스탠
딩 웨이브 현상이다. 차별, 불평등, 혐오 등이 심해지면서 국민
의 불만이 끓어오르는 것도 스탠딩 웨이브 현상이다. 코로나19
팬데믹 이후 급격한 인플레이션이 발생하면서 경제 및 금융 영
역에서 패턴이나 사이클의 변형이 일어나는 것도 스탠딩 웨이
브 현상이다. 지구온난화 및 환경 파괴 속도가 빨라지면서 기후
패턴과 사이클에 변형이 일어나고 지구 온도가 급격하게 상승
하는 것도 스탠딩 웨이브 현상이다.

특정 영역에서 스탠딩 웨이브 현상이 언제 발생하고 언제 멈
추는지 예측하는 방법이 있을까? 어렵지 않다. 스탠딩 웨이브
현상을 일으키는 원인을 알면 된다. 스탠딩 웨이브 현상은 공기
압 부족과 고속주행 때문에 발생한다. 공기압 부족은 균형의 이
탈이다. 국제질서의 균형 이탈, 산업의 경계 파괴와 용해, 혼돈
과 무질서 상태를 의미한다. 이런 상황에서 누군가 혹은 어떤 영

역에서 고속주행을 하면 곧바로 스탠딩 웨이브 현상이 발생한다. 환경 파괴, 무차별 돈 살포, 무력 사용을 통한 파괴가 자행된다. 이런 고속주행이 멈추지 않는 한 스탠딩 웨이브 현상도 멈추지 않는다.

스탠딩 웨이브 현상을 멈추지 않고 고속주행을 계속하면 타이어가 터지면서 대형사고가 발생한다. 결국 파국을 맞는다. 국민의 불만이 끓어오르는 스탠딩 웨이브 현상을 정치권이 협상과 타협의 예술로 해결하지 못하면 폭발하여 내전상태로 치닫게 된다. 지구 환경에서 발생하는 스탠딩 웨이브 현상을 해결하지 못하면 인류 전체가 공멸한다.

스탠딩 웨이브 현상이 발생하면 주행속도를 늦추고 타이어 공기압을 10~30% 높여야 한다. 중앙은행이 경제 붕괴를 막기 위해 급격하게 끓어오르는 물가를 식히려고 기준금리를 인상하여 브레이크를 밟는 것도 일종의 스탠딩 웨이브 현상에서 벗어나려는 조치다. 러시아의 무력 사용을 막지 못하면 전 세계는 제3차 세계대전으로 내몰리게 된다. 국제정치의 교착, 국내정치의 교착을 해결하고 새로운 균형을 찾으려는 노력은 빠진 공기압을 다시 채워넣는 행위와 같다.

이런 해법이 구사되기 전까지 스탠딩 웨이브 현상은 해결되지 않는다. 그리고 오랫동안 해결하지 못하거나 방치하면 반드시 파멸에 이르게 된다.

인플레이션과의
싸움

코로나19 팬데믹 이후 가장 눈에 띄는 스탠딩 웨이브 현상은 무섭게 끓어오르는 물가(인플레이션)다. 미국의 경우 40년 만에 최고치를 연달아 경신할 정도로 물가가 무섭게 끓어오르고 있다. 물가가 급격히 오르자 소비시장, 투자시장, 수출입시장 등 곳곳에서 패턴과 사이클 변형이 일어난다.

미국 물가를 40년 만에 최고치로 끌어올린 원인은 다양하다. 코로나19 팬데믹으로 인한 공급망 병목현상, 중앙은행과 정부가 단기간에 막대하게 쏟아부은 돈으로 인한 과잉 유동성, 보복소비, 러시아의 우크라이나 침공 등이다. 인플레이션 영역에서 발생한 스탠딩 웨이브 현상이 언제까지 지속되고 언제 끝날지를 예측해보자.

우선, 연준은 2022~2023년 인플레이션 스탠딩 웨이브 현상이 멈출 가능성은 적다는 사실을 인정했다. 2022년 3월 16일, 연준은 첫 번째 기준금리 인상을 단행하면서 러시아의 우크라이나 침공이라는 변수 때문에 2022년 말 미국 물가상승률 전망치를 2.6%에서 4.3%로 대폭 올렸다. 높은 인플레이션율을 걱정하는 시장을 달래는 말도 빠뜨리지 않았다. 미국 경제성장 추세는 견고하고 2023년에는 인플레이션율이 2.6% 미만으로 하락할 것이라고 기대했다. 그래서 기준금리 인상속도를 늦추지도 않을 것이라고 했다. 과연 인플레이션이 연준의 전망대로 움직여줄까?

인플레이션 스탠딩 웨이브 현상을 만든 원인에는 크게 일시적 원인과 구조적 원인이 있다. 일시적 원인은 코로나19 팬데믹으로 인한 셧다운, 고용 수요 폭증, 보복 소비, 러시아의 우크라이나 침공 등이다. 구조적 원인은 재정과 부채 균형의 붕괴와 엄청나게 풀린 돈의 과속질주다.

인플레이션은 화폐가치가 하락하여 물가가 전반적이고 지속적으로 상승하는 경제현상이다. 화폐가치는 왜 하락하는 것일까? 단순하다. 통화량이 상품량보다 더 많이 증가하기 때문이다. 본래 통화량은 상품량과 동일해야 한다. 돈은 상품을 교환하는 수단이기 때문이다. 하지만 중앙은행과 정부가 이런 균형을 무너뜨릴 정도로 돈을 마구 풀어대면 화폐가치는 떨어지고 상품가치는 상승하는 현상이 나타난다. 이런 현상이 전반적이고 지속적으로 발생하는 것을 인플레이션이라고 한다.

만약 인플레이션율이 상승하는 상황에서 중앙은행이 기준금리를 높이지 않고 계속 버티면 시장에서 작동하는 실질금리가 더욱 떨어지는 효과가 발생한다. 그 결과 상품가치는 더욱 상승하여 인플레이션 상승률이 강화되는 피드백이 작동한다. 이것이 2021년에 연준이 저지른 실수다. 2022년 초, 미국에서 40년 만에 최고치로 인플레이션율이 치솟은 것은 이렇게 일시적 원인과 구조적 원인, 그리고 연준의 실수가 맞물려서 일어난 재앙이다.

일시적 원인은 2022년 안에 대부분 해소될 것이다. 하지만 구조적 원인과 연준의 실수로 발생한 부작용을 해소하는 데는 시간이 오래 걸릴 수 있다. 특히 시장에서 엄청난 규모와 속도로 과속질주 중인 유동성의 고삐를 죄고 인플레이션 대응에 늦은 실수를 만회하려면 시간이 많이 필요하다. 최소한 2~3년 정도는 기준금리 인상과 대차대조표 축소를 지속해야 한다. 더군다나 2022~2024년에는 인플레이션율을 자극할 대형 요인이 산재해 있다. 필자가 주목하는 2022~2024년 동안 미국 인플레이션율 상승을 자극할 7가지 대형 요인은 다음과 같다.

① 정부 부양책 효과(2022년까지 지속)

② 정부 대규모 인프라 투자(2022~2025년까지 지속)

③ 시중 유동성(M2, M3) 유지

④ 고용시장 호황(실업률 하락)

⑤ 회복되는 소비력(코로나19 팬데믹 동안 저축률 증가)

⑥ 원자재 가격의 고공행진

⑦ 국내외 공급망 시스템의 변화

시간을 거슬러 올라가 보자. 2008년 글로벌 금융위기 이후 연준은 무너진 미국 경제를 재건하기 위해 천문학적인 돈을 풀었다. 그런 돈을 시장에서 흡수하지 못한 채 연준은 코로나19 팬데믹을 극복하기 위해 추가로 엄청난 돈을 퍼부었다.

연준만 시장에 엄청난 돈을 뿌린 것이 아니다. 미국 정부도 대규모의 부양책을 쏟아냈다. 코로나19 팬데믹 동안 미국 정부가 시장에 푼 돈의 규모는 (현재 가치로 환산할 경우) 제2차 세계대전에서 미국이 치른 전쟁비용보다 더 많았다. 바이든 행정부가 실시하는 대규모 인프라 투자도 2022~2025년까지 민간 투자를 자극하면서 인플레이션 하락속도를 늦추는 요인으로 작용할 가능성이 높다.

1933~1936년까지 루스벨트 행정부가 실시한 뉴딜은 미국 연간 경제성장률을 그 이전보다 2~3배 높였다. 동시에 마이너스에서 헤매던 인플레이션율을 한 번에 플러스로 돌려세웠다. 심지어 1929년 대공황 이전 미국 경제 호황기 인플레이션율을 넘어섰다. 역사적 기록을 보면 루스벨트 행정부가 실시한 뉴딜의 영향으로 경제성장률과 인플레이션율 상승이 4년간 이어졌다. 이번 바이든 행정부 4년 동안에도 비슷한 상승 압력이 일어날 가능성을 고려해야 한다.

기준금리 인상 기간에 자산시장 변동성은 매우 높아질 것이다. 하지만 이미 풀린 돈이 너무나 많고 미국을 제외한 다른 나라의 채권시장이나 주식시장 등은 위험도가 높아져서,

2022~2024년까지는 미국의 주식시장 주변을 돌아다니는 시중 유동성(M2, M3)이 크게 줄어들 가능성도 적다. 연준이 경제성장률이 갑자기 꺾일 것을 우려하여 기준금리 인상 속도와 폭을 조절할 경우 주식이나 부동산에서 기준금리 인상 부담을 넘어서는 투자 수익률이 발생하면 (변동성은 커지지만) 시중 유동성(M3)을 빠르게 축소하기는 어렵다.

경제학 이론에서 고용시장 호황(실업률 하락)도 인플레이션 상승 압력의 주요인이다. 특히 실업률이 4% 미만까지 내려가는 일명 '완전고용 상태'에 진입할 무렵이면 인플레이션율은 고공행진한다. 완전고용 상태에 도달한 이후에도 상당 기간 고물가 상태가 유지된다. 미국의 실업률은 이미 2022년 초에 완전고용 상태에 진입했다. 실업률 하락과 더불어 노동자 임금 상승도 고용시장 호황을 이끄는 부수적 요인이다. 원자재 가격의 고공행진도 인플레이션 하락속도를 늦추는 요인이다.

필자는 코로나19 팬데믹으로 인한 글로벌 공급망 병목현상이 해소되더라도 공급망 교착상태가 이어질 것이라고 예측했다. 공급망 병목현상이 해결되면 원자재 가격 급등 추세는 멈추겠지만, 그다음으로 공급망 교착위기가 대기하고 있어서 상당 기간 원자재 가격이 시장에 부담을 줄 가능성은 여전하다. 그리고 소비시장이 완전한 회복 국면으로 접어들면 추가 수요가 발생한다. 코로나19 팬데믹 동안 저축률 증가와 대규모 가계 지원금으로 축적된 소비력도 아직 남아 있다.

마지막으로, 국내외 공급망 시스템의 구조적 변화다. 팬데믹 발생 이전까지는 글로벌 공급망이 세계화와 기술혁신의 도움을 받아 상품가격을 낮추는 데 일조했다. 미국 내에서는 아마존 등 물류·유통 부문에서 혁신적 기술을 앞세운 공급자들이 나타나 한 번 더 제품가격을 낮췄다. 미국 밖에서 인건비가 저렴한 중국과 동남아 생산기지를 활용하여 제품 생산단가를 낮췄다.

지난 수십 년을 분석해보면 제조업을 중심으로 생산비가 떨어지고 이것이 물가 상승률 하락으로 이어지는 고리가 만들어진 때는 1979년 중국의 개혁개방과 1990년대 러시아 등 동구권 개방 시점이다. 그리고 우루과이라운드 체결과 WTO 체제의 등장으로 글로벌 분업구조가 확산되고 여성의 사회참여 확대로 노동인력 증가속도가 인구 증가속도를 추월하면서 선진국 내에서 임금 상승률을 낮추는 효과까지 만들어 인플레이션 하락 추세에 가속을 붙었다. 이 기간 내에서도 신흥국가가 저렴한 노동력을 기반으로 글로벌 공장 역할을 했던 기간은 15~20년 내외다.

하지만 이런 추세는 계속 이어지기 힘들다. 미·중 패권전쟁이 치열해지면서 공급망 재편이 지속되고 물가 상승으로 중국과 베트남의 평균 인건비도 빠르게 증가하면서 저렴한 노동력과 지대비용-rent cost 매력이 서서히 상실되고 있다.

전 세계 공장 역할을 담당했던 국가들의 인구구조는 지난 40년과 다른 방향으로 변화될 것이다. 특히 중국이 빠르게 초고령사회를 향해 달려가고 있다. 멀지 않은 미래에 인류 역사상 처음으로 은퇴 연령층이 생산가능인구를 추월한다. 그러면 생산자의 몸값이 올라가면서 생산비와 소비자 물가를 끌어올릴 것이다.

고령화와 경제성장률 하락이라는 이중고를 겪는 중국정부는 수출 중심에서 내수 기반으로, 투자에서 소비 중심 경제로 정책을 전환 중이다. 중국정부의 정책 변화가 성공하려면 노동자 임금 상승이 핵심이다. 중국 노동자의 임금 상승은 비용 상승cost push으로 인한 물가 상승을 불러온다. 임금이 상승한 중국 노동자가 소비를 늘리면 수요 견인(수요 과잉demand pull)으로 인한 물가(상품과 원자재) 상승을 일으킨다. 인플레이션 상승 시너지다. 14억 인구를 자랑하는 중국 내부에서 발생하는 인플레이션 상승 시너지는 글로벌 인플레이션 상승을 자극한다. 그만큼 미국의 수입물가 인플레이션 압력도 지속될 가능성이 높다.

트럼프 행정부를 거쳐 바이든 행정부에서도 계속되는 리쇼어링 현상도 인플레이션 상승 압력 요인이다. 기술혁신으로 물류와 유통 체인에서 강력한 가격 하락 트렌드를 만들었던 '아마존 효과'도 '수확체감의 법칙law of diminishing returns'에 빠지고 있다. 인공지능과 로봇 기술에 투자해서 물류와 유통 체인에 혁신 에너지를 계속 공급 중이지만 신기술을 투입해 늘어나는 한계 생산량(가격 하락 능력)이 점차 줄어들고 있다.

이런 7가지 대형 요인 때문에 2023~2024년 미국 근원인플레이션율CPI이 2% 초반의 안정적 수준에 머무를 가능성이 낮아지고 있다. 최악의 경우 2023년에도 근원인플레이션율 3%

를 넘는 매우 위험한 시나리오를 대비할 필요가 있다. 연준은 2023년에는 2.6% 부근까지 근원인플레이션율이 하락할 것이라고 기대하지만 어쩌면 그 시점이 2024년이 될 수도 있기 때문이다. 연준은 2020년 3월에는 미국의 근원인플레이션 수치가 2022~2023년에 평균 2.0~2.1%를 안정적으로 유지할 것이라고 전망했다. 그러나 2021년 말에는, 2022년 말 근원인플레이션 수치가 2.6%에 이를 것이라고 전망을 후퇴했다. 그리고 2022년 3월에는 러시아의 우크라이나 침공이라는 변수 때문에 2022년 말 미국 근원인플레이션율 전망치를 2.6%에서 4.3%로 대폭 올렸다. 근원인플레이션율이 2.6% 미만으로 하락하는 시점도 2023년으로 늦췄다.

최소한 연준의 대응이 시장에서 발생하는 실질 인플레이션율 움직임보다 늦는 것은 분명하다. 그리고 연준이 전망을 한 번만 더 후퇴하면 2023년 근원인플레이션율은 3%를 넘고, 2.6% 부근까지 근원인플레이션율이 하락하는 시점은 2024년으로 미뤄진다.

참고로, 필자는 이처럼 3%대 근원인플레이션율이 장기간 유지되는 미래를 '매우 높고 위험한 인플레이션 시나리오'라고 명명한다. 3%대 높은 근원인플레이션율이 장기간 유지되면 경제가 갑자기 고꾸라지는 최악의 상황을 면하더라도 각종 부작용이 발생한다.

인플레이션은 모든 영역의 사업을 지배하는 주요인 중 하나다. 인플레이션이 과도하면 기업과 국가의 성장세도 큰 영향을 받는다. 각종 경제지표는 약해진다. 인플레인션율이 적응 가능한 수준에서 높다면 주식시장은 변동성만 커지는 수준이지만 그 이상으로 높아지면 상당 폭의 폭락장에 직면할 수도 있다. 신흥국에서는 더 높은 인플레이션이 더 높은 기준금리 인상을 불러오고 외국자금 이탈도 발생하면서, 경제대충격, 채권시장 대학살 폭탄이 터질 수도 있다.

인플레이션이 과도하면 빈부격차도 커진다. 경제가 회복되는 과정에서 노동자 임금도 상승한다. 하지만 저소득층 노동자 임금은 고소득층 임금보다 느리고 적게 상승한다. 근원인플레이션이 예상보다 빠르고 높게 상승해버리면 둘 간의 임금 상승 격차는 더 빠르고 크게 난다. '불평등의 엔진Engine of Inequality'이 작동하면서 부의 격차가 그만큼 더 커진다.

가난한 사람이든 부자든 생계유지에 반드시 필요한 상품과 서비스가 있다. 인플레이션 상승 추세가 작동하면 이들 가격은 빠른 속도로 상승한다. 반면 저소득 노동자의 임금 상승속도는 인플레이션율 상승속도보다 느리다. 갓난아이 분윳값은 한 달 만에 10% 상승했는데 가난한 노동자 임금은 두 달 만에 5% 상승했다고 하자. 월급이 5% 올랐지만 실제로는 이전보다 임금이 감소했다고 볼 수 있다. 역진세 효과도 발생한다. 같은 가격의 분유를 고소득층이나 저소득층이 동시에 구매한다고 하자. 둘다 명목상 같은 세금sales tax(혹은 부가가치세)을 지불한다. 하지만

저소득층이 고소득층보다 소득 대비 세금을 더 많이 내는 것이
된다. 국가가 부여하는 명목 세금은 같지만 가난한 노동자에게
부자보다 무거운 세금 부담을 지운 셈이 된다.

넘치는 유동성과
배회하는 돈

2020년 8월, 미국 서부 캘리포니아주, 오리건주, 워싱턴주에 동시다발로 초대형 산불이 발생하여 남한 면적의 20%에 달하는 지역이 소실되었다. 산불 현장은 '지옥' 같았고, 곳곳에서 거대하고 새빨간 불기둥이 치솟으면서 보는 이들을 공포에 떨게 했다. 파이어네이도라고 불리는 불기둥은 빠른 속도로 회전하면서 이동하며 모든 곳을 불덩이로 만드는 무시무시한 위력을 발휘했다.

　'파이어네이도Firenado'는 불fire과 토네이도tornado가 합쳐진 말이다. 산불이 발생할 때 뜨거워진 공기가 상층부 저기압을 만나면 폭발적으로 상승하여 회오리바람 모양으로 변하는데, 여기에 불꽃이 맞물리면 마치 솟구치는 불기둥처럼 보인다. 파이어네이도가 시속 100km 속도로 내달리면서 주변의 모든 것을 집어삼킨다. 지구온난화로 인한 폭염이 산불 규모를 키우면서 파이어네이도의 발생 빈도가 증가한다.

2020~2021년 전 세계 자산시장이 불덩이처럼 들끓어 오르면서 주식, 암호화폐, 부동산, 채권, 파생상품 등 모든 투자상품의 가격이 파이어네이도처럼 솟구치며 맹렬하게 움직였다.

가장 큰 원인은 각국 정부와 중앙은행이 코로나19 팬데믹을 극복하기 위해 시장에 쏟아부은 엄청난 돈이다. 앞에서 설명했지만, 코로나19 팬데믹 동안 미국 정부가 시장에 푼 돈의 규모는 (현재 가치로 환산할 경우) 제2차 세계대전에서 미국이 치른 전쟁 비용보다 더 많았다. 주요 선진국 정부와 중앙은행이 코로나19 팬데믹 위기대응을 명목으로 초저금리를 유지하고 계속 돈을 퍼붓자 시중 통화량(M2)도 사상 최대치를 계속 경신했다.

〈블룸버그〉가 집계한 바에 따르면 2020년 말에 미국·중국·일본·유로존 등 12개 주요국의 시중 통화량(M2)은 94조 8천억 달러에 이르렀다. 2019년 대비 17.4% 증가했고 규모는 14조 달러에 이른다. 미국은 '무제한 양적완화'를 선언한 만큼 2020년 한 해 시중 통화량(M2) 증가분이 24%에 이르러 2008년 금융위기 대응규모(10% 증가)보다 2.4배 늘었다. 액수로는 3조 6,695억 달러가 급증했다.[34]

이렇게 전 세계 정부가 소득 감소분보다 더 많은 돈을 빌려주거나 무상으로 지원하면서 전례 없이 현금이 쌓이고 강물처럼 넘치는 유동성이 자산시장 주변만을 배회하면서 '모든 것의 랠리everything rally'가 일어났다. 2020년 미국의 실물시장에서 제품이나 서비스를 생산하는 데 몇 번이나 사용됐는지 보여주는 화폐유통 속도를 분석하면 2019년 1.4에서 2020년 2분기 1.104로 사상 최저로 추락했고 3분기에도 1.147에 그쳤다. 경기 부양을 목적으로 뿌려진 돈들이 고용과 생산을 늘리는 데 투자되지 않고 대부분 자산시장으로 흘러 들어갔다는 의미다.[35]

여기에 기술과 산업에서 발생한 변혁이 투자시장을 흥분시키며 성장주와 관련된 자산들의 가격에서는 거대하고 새빨간 상승 불기둥을 만들었다. 주요 선진국 주식시장은 역사적 최고치를 연달아 갱신했고 원자재 가격도 천정부지로 치솟았다. 암호화폐는 아찔한 고공행진을 했다. 자산시장 파이어네이도 현상이다.

필자는 2020~2021년 자산시장에서 발생한 파이어네이도가 2022~2024년에는 중앙은행의 기준금리 인상, 인플레이션 물결과 맞물리면서 스탠딩 웨이브 상태로 변할 것이라고 예측한다. 자산시장에서 스탠딩 웨이브가 심해진다는 것은 물결처럼 출렁이는 변동성의 크기는 커지고 빈도는 잦아진다는 말이다. 그러나 자산시장은 변동성이 커진다고 멈출 수 있는 곳이 아니다. 그리고 자산시장을 배회하는 돈이 너무 많아졌기 때문에 멈추고 싶어도 멈출 수 없다.

스탠딩 웨이브 상태로 주행을 계속하면 타이어 온도가 급속히 증가하고 타이어가 터져버리는 것처럼, 언젠가는 자산시장 버블이 터져버리는 결과를 직면할 것이다.

다시 정리하면, 2020~2021년 자산시장에서 일어난 파이어네이도는 2020~2024년경에는 스탠딩 웨이브 상태로 전환되고,

종국에는 버블이 붕괴되는 결과로 치달을 것이다. 그리고 필자의 예측으로는 스탠딩 웨이브 상태에 있을 때 강력한 파이어네이도 현상이 한 차례 추가로 일어나면서 훗날 있을 자산시장 대폭락 참사 규모를 키울 가능성도 있다.

자산시장
슈퍼 버블

자산시장 스탠딩 웨이브 단계에서 자산가격이 무섭게 솟구쳐 휘몰아치는 파이어네이도 현상은 어떻게 한 차례 더 일어날까? 필자는 그 원인 제공자로 연준의 행보를 주목한다. 2022~2023년, 연준을 비롯한 각국 중앙은행들은 불꽃처럼 치솟는 인플레이션과 치열한 싸움을 벌인다. 중앙은행들이 인플레이션과 싸우는 동안 자산시장은 스탠딩 웨이브 상황에 빠진다.

　만약 연준이 끓어오르는 인플레이션을 잡는 데 성공하면 어떻게 될까? 필자의 예측으로는 실물경제가 안정기에 들어서면서 자산시장에는 슈퍼 버블이라는 강력한 파이어네이도 현상이 재발한다. 이 시나리오는 필자가 코로나19 팬데믹 이전인 1994년, 2004년, 2015년 등 3차례의 기준금리 인상과 주식시장의 움직임을 분석하고 내린 예측 결과다.

　1994년 기준금리 인상 기간에 미국 GDP가 계속 하락하는 추세를 보이자 다우와 나스닥 주가는 모두 박스권에 갇혀 있었다.

하지만 연준이 인플레이션과의 전쟁에서 승리하여 기준금리 인
상을 멈추자 주가는 박스권을 벗어나서 재상승을 시작했고, 경
제성장률이 반등으로 돌아서자 '길고'(4년 정도) 강력한 추가 상
승을 했다.

2004년 기준금리 인상 기간에도 미국 GDP는 하락 추세를 거
듭했다. 그러자 다우와 나스닥 지수 모두 박스권에 갇혔다. 하
지만 연준이 인플레이션과 전쟁에서 승리하여 기준금리 인상
을 멈추자 주가는 박스권을 벗어나서 재상승을 시작했다. 단
1994년 기간과는 다르게 경제성장률이 반등하지 않고 계속 하
락하는 바람에 주식시장 상승 추세는 '짧고'(1년) 적었다.

2004년 기준금리 인상 기간은 어땠을까? 기준금리 인상 횟수
와 폭이 적었지만 경제성장률 하락이 지속될 때는 주식시장이
박스권에 갇혀 있었다. 하지만 미국의 GDP 성장률이 상승 추세
로 반전되자 기준금리 인상이 지속되는데도 불구하고 주식시장
은 박스권을 탈출하여 재상승을 시작했다. 그리고 연준이 인플레
이션과 전쟁에서 승리하고, 미·중 무역전쟁의 여파에 대응하기
위해 기준금리를 내리자 주식시장은 약간의 추가 상승을 했다.

기준금리 인상이 끝나면 주가 재상승이 시작되는 데는 이유
가 있다. 시장은 기준금리 인상 시기에 종합주가지수가 박스권
에 머물면서 오랫동안 약세장에 빠지는 것 자체를 거품 일부
가 조정되는 시간으로 인식한다. 이때 발생하는 약세장은 대폭
락과는 다르다. 대폭락이 발생하면 모든 개별주와 산업 섹터가

동시에 큰 폭의 조정(폭락)을 받는다. 종합주가지수로 비유하면 30~40% 정도까지 직진 추락을 연속하는 모양새를 보인다. 하지만 기준금리 인상 때는 개별 주가는 30~40% 정도까지 직진 추락을 연속할 수 있지만 종합주가지수는 10~15% 정도 하락한 후에 일정한 박스권을 만들고 오랫동안 '기술적 반등-조정-기술적 반등' 패턴을 반복하는 모양새만 보인다.

개별 주가가 30~40% 정도까지 직진 추락을 해도 종합주가지수가 일정한 수준의 하향 박스권을 유지하는 데는 이유가 있다. 기준금리 인상이 시작되어서 종합주가지수가 5~7% 내외까지 하락할 때는 거의 모든 주식이 동시에 하락한다. 이것이 1단계 조정이다.

하지만 종합주가지수가 10~15%대까지 추가 하락하는 2단계 조정 때는 움직임이 달라진다. 2단계에서도 개별 주식과 각 산업 섹터는 큰 폭의 추가 가격 조정이나 폭락을 맞는다. 하지만 동시가 아닌, 시간 차를 두고 조정을 맞는다. 하나가 추가 조정을 받을 때 다른 하나는 기술적 반등을 하고, 하나가 기술적 반등을 하면 다른 하나가 추가 조정을 받는 식의 엇갈린 순환이 오랫동안 반복된다. 그래서 종합주가지수는 일정한 수준에서 박스권을 오래 유지하는 모양새를 보인다.

이 과정에서 기준금리 인상 전의 강세장에서 익숙했던 높은 기업 실적 기대치도 서서히 낮아진다. 기준금리 인상이 멈출 즈음에는 기업 실적 기대치가 현실에 맞게 눈높이가 조정되어 있

어서 강세장 시절보다 기업 실적이 낮아도 그다지 나쁘게 보이
지 않는다. 그래서 기준금리 인상이 끝나가면 재상승 명분이 생
긴다. 이런 분위기 속에서 연준이 기준금리를 다시 내려주어 경
제성장률이 반등, 상승하면 주가 재상승 속도는 빨라지고 폭도
높아진다.

　필자는 2022~2024년에도 연준이 인플레이션과 전쟁에서 승
리하여 기준금리 인상을 멈추면 전 세계 자산시장에 추가적인
가격 상승 국면이 일어날 가능성이 충분하다고 예측한다. 특히
기술과 산업 변혁과 맞물려, 성장주식을 중심으로는 가격이 급
격하게 치솟는 파이어네이도 현상도 일어날 수 있다. 연준이 인
플레이션과 싸워 승리할 수는 있지만 추가 버블이 일어나지 않
게 자산시장 전반의 환상적 조율에 성공할 가능성은 낮다. 연준
이 스태그플레이션이 발생하지 않는 수준에서 물가 잡기에 성
공하면 미국의 경제성장률은 잠재성장률을 상회하는 역량을 다
시 발휘할 가능성이 충분하다. 그러면 자산시장에서 파이어네이
도 현상이 재발한다.

　일부에서는 정부 부양책이 끝나면 미국 경제가 재정절벽
fiscal cliff에 따른 경기침체에 빠질 가능성이 있다고 지적한다. 이
런 상황이 현실이 되려면 미국 경제성장률에서 민간 부문 기여
도가 1%p 미만에 불과해야 한다. 2019년 선진국의 성장률은
2018년 2.2%에서 1.5%로 하락하면서 잠재성장률 수준 1.8%를
0.3%p 하회했다. 하지만 미국은 2017년 2.3%, 2018년 3.0%,

2019년 2.2%를 기록하면서 미국 잠재 성장률(1.8~2.0%)을 0.9~1.1%p 상회했다. 선진국 평균을 상회하는 성장이었다. 미국 경제에서 민간 내수 성장 기여도는 2010~2012년 3년 평균 2.3%p에서 2017~2019년 3년간 평균 2.6%p로 지속적으로 상승했다.

이런 수치는 최근 미국 경제의 종합 역량이 선진국 평균을 상회하고 정부 부양책이 없는 시기에도 잠재성장률(1.8~2%) 내외 수준의 확장 국면을 유지할 역량이 있다는 의미다.[36] 이런 역량을 2023~2024년에 적용하면 코로나19 재정 부양책이 끝나더라도 2% 중후반대 경제성장을 달성할 가능성은 충분하다는 계산이다.

연준이 큰 위기 없이 물가를 잡아주고 경제성장률도 잠재성장률을 상회하는 수준에서 안정되면 시장은 환호할 것이다. 위험자산에 투자금이 다시 몰릴 것이다. 그러면 자산시장 대폭락은 '잠시' 연기되고 그 틈을 타고 추가 버블 축적이 다시 시작될 것이다. 연준의 심사숙고하는 행보가 실물경제는 안정시켰지만 자산시장의 슈퍼 버블을 유도한 꼴이 된다. 그것도 전 세계 주요 선진국 대부분에서 동시에 발생할 것이다.

끓어오르는 지구

지구도 끓어오른다. 지구가 끓어오르면 기후도 출렁인다. 전염병도 출렁인다. 그럴수록 인간의 공포감도 솟구친다. 스탠딩 웨이브 현상이다. 우리는 분명히 안다. 전 세계를 공포로 몰아넣었던 코로나19 팬데믹, 전 세계에서 일어나고 있는 대규모 자연재해의 규모가 커지고 빈도가 높아지는 것, 이 모든 재앙은 지구 환경 파괴, 지구 평균기온 상승의 결과물이다. 문제는 지구 온도가 끓어오르는 속도를 늦출 수는 있지만 완전히 막는 것은 어렵다는 것이다. 경제를 끓어오르게 하려면 지구 온도도 끓어올려야 하기 때문이다.

인간은 삶의 편리, 생존 이득, 경제성장을 위해 지구 환경 파괴를 선택한다. 전 세계 인구는 2023년에 80억 명을 돌파한다. 2058년이면 100억 명도 돌파한다. 제3세계나 개발도상국에서는 늘어나는 인구를 수용하기 위해 도시 수를 늘려야 한다.

그 과정에서 더 많은 산과 바다와 정글이 파괴될 것이다. 선진국에서는 더 나은 주거시설을 얻기 위해서는 나무를 베고, 산을 깎고, 강과 바다를 메워 집을 짓고, 새로운 도시를 건설해야 한다. 지구온난화는 장기간에 걸쳐 지구의 평균기온이 높아지는 현상이다.

지구온난화를 일으키는 주요 원인은 온실가스 배출이다. 산업혁명 이후 제1온실가스 이산화탄소 농도는 30% 이상, 제2온실가스 메탄은 2배 증가했다. 이들 온실가스는 공장, 자동차, 헤어스프레이 등 생활 편리재, 소 등의 가축의 배설물 등에서 배출된다. 특히 인간이 먹고살기 위해 식품을 생산, 가공, 소비, 폐기하는 과정에서 발생되는 온실가스 규모가 막대하다. 학자마다 계산방식이 각기 다르지만 대체로 전체 온실가스의 30% 내외가 식품 관련 전 과정에서 발생되는 것으로 추정된다.

식품의 전 과정 중에서도 음식물 쓰레기가 주는 영향이 크다. 음식물 쓰레기는 폐수와 악취를 발생시키고, 토양을 오염시키고, 정화과정에서 전 지구에 존재하는 담수의 21%를 소비하고, 이산화탄소 방출량의 8%(44억 톤)를 차지한다.

처리비용도 막대하다. 우리가 먹고 버린 음식물 쓰레기를 처리하는 비용은 톤당 15만 원이 넘는다. 환경부 분석에 따르면 국내에서만 매일 1만 3,221톤 이상(1년간 500만 톤 정도)의 음식물 쓰레기가 버려진다. 버려지는 음식물의 가격은 제외하고 폐기 처리하는 비용만 8천억 원이 넘는다. 유엔환경계획UNEP의 '음식물 쓰레기 지표 보고서 2021Food Waste Index'에 따르면

2019년 한 해에 전 세계에서 배출된 음식물 쓰레기양은 약 9억 3,100만 톤에 달한다. 폐기 처리 비용을 추정하면 148조 원이 넘는다. 참고로, 음식물 쓰레기 배출 비율은 일반 가정이 61%, 외식산업이 26%, 소매업이 13%를 차지했다. 국가별로는 중국이 연간 9,160만 톤, 인도가 6,880만 톤, 미국은 1,940만 톤, 프랑스와 독일 등은 연간 500만~600만 톤을 배출한다.[37]

현재 80억 명이 사는 지구에 100억 명이 먹을 수 있는 식량이 생산된다. 그중 3분의 1은 먹지도 않고 버려진다. 한국에서도 유통기한 초과로만 버려지는 식품이 한 해 1조 5,400억 원 규모다. 앞으로 인구가 늘어날수록 더 많은 소비가 일어나고 더 많은 음식물 쓰레기, 더 많은 온실가스가 배출될 것이다.

가축 집단 사육도 늘어난다. 더 많은 고기를 공급하기 위해서는 어쩔 수 없는 선택이다. 더 많은 식량을 얻고 더 많은 가축을 기르려고 숲을 더 많이 파괴할 것이다.

인간이 종족 번식, 경제성장, 풍요롭고 편리한 삶을 포기하지 않으면 부와 국가 발전이라는 명분 아래 생태계 파괴는 계속된다. 그럴수록 기후는 계속 출렁이고, 전염병도 출렁이는 스탠딩 웨이브 상황에서 벗어나기 힘들다. 더 뜨겁고 더 추운 미친 듯 움직이는 기후변화는 이상기후가 아니라 일상적인 새로운 기후 패턴으로 자리 잡게 된다. 이로 인해 허리케인, 태풍, 집중호우, 대형 산불 횟수 및 강도가 증가하고, 물부족 국가도 증가한다. 더 빠르고 더 무서운 전염병이 일상적인 패턴으로 자리 잡을 수 있다. 이런 패턴이 반복되다 결국 지구 종말이라는 파국을 향해 달려가게 된다.

2015년, 영국기상청은 지구 기온이 1850~1900년 평균치보다 1.02℃ 높다는 조사 결과를 발표했다. 2015년이 지구의 평균 기온이 1℃를 넘는 첫해로 공식 기록된 날이다. 인간의 생활에 치명적 위험이 실제로 발생하는 시점은 평균기온 2℃ 상승이다. 현재 우리는 지구온난화로 대재앙의 관문, 인간에게 치명적 위험이 대거 발생할 것이라는 '지구 기온 2℃ 상승'의 절반에 이르렀다.

2022년 4월, UN 산하 정부간기후변화위원회 IPCC는 세계 각국이 온실가스 배출량을 약속한 것보다 더 빨리 감소시켜야 한다는 경고 메시지를 다시 발표했다. 2015년 파리협약에서 세계 주요 선진국 정부는 이번 세기 지구 평균기온 상승을 1.5℃ 이하로 억제하기로 합의했었다. 하지만 IPCC에 따르면 2019년 온실가스 배출량은 2010년보다 약 12%, 1990년보다 54% 증가했다. 다행히 최근 온실가스 배출량 증가율은 21세기 초 연간 2.1%에서 2010~2019년 사이에 연간 1.3%로 감소했다.

그럼에도 불구하고 지금과 같은 대응수준에 머무르면 1.5℃ 이내의 억제는 불가능하고, 2℃ 이내의 억제조차도 어렵다. IPCC는 2030년까지 온실가스 배출량을 43%까지 과감하게 줄이지 못하면 (현재 감소율만으로는) 금세기 말에는 2.4~3.5℃의 기온 상승이 불가피해진다고 전망했다.[38]

IPCC는 인류가 온실가스 배출량을 최대로 늘려서 5.4℃까지 평균기온을 상승시키면 깊고 무시무시한 길, 지옥으로 가는 길, 파멸적 재앙이 열리는 최악의 시나리오가 펼쳐질 것이라고 경고했다. 필자는 IPCC가 발표한 자료를 기반으로 지구의 평균기온이 1℃씩 상승할 때마다 어떤 재앙이 일어나는지를 정리해서 소개한다.[39]

지구의 평균기온이 1℃ 상승할 경우에는 기온변화가 숲, 바다, 아프리카와 북극에까지 자연 생태계 모습을 바꾼다. 대표적 재앙은 세계 곳곳에서 극심한 가뭄과 대형 산불이 빈번하고 반복적으로 일어나는 것이다.

한국에서도 지구온난화 영향을 받고 있다는 증거가 속속 나타나고 있다. 귤이나 사과 재배지가 북쪽으로 계속 이동하고 있다. 대나무도 충청이나 경북을 넘어 서울까지 자생지를 넓혀가고 있다. 본래 대나무는 온난대림에 속하는 다년생 풀로서 중국에서 양쯔강 이남에만 서식했다. 한국도 제주도, 전라남도 등 남부 지방에서만 서식했다.

과거에 재배하지 못했던 농작물을 현재 재배할 수 있게 되었다고 마냥 좋아할 일이 아니다. 지구 전체의 평균기온이 상승하면서 지구상에서 가장 큰 빙하를 보유한 남극도 곳곳이 녹아내리고 있다. 빙하가 녹아내리면 해수면 평균치가 올라간다. 빙하는 이산화탄소나 메탄을 많이 포집하고 있다. 이것이 녹아내리면 방어벽이 깨지면서 온실가스가 급격히 배출돼 평균기온 2℃

의 관문으로 질주하는 속도가 빨라진다. 빙하는 햇빛의 80% 이상을 반사하지만 바다는 햇빛의 95%를 흡수하여 온도가 높아진다. 지구의 대기온도가 상승하고 다시 얼음이 녹는다.

이런 위험이 스스로 강화 피드백을 작동하면 10~20년 후에는 북극의 빙하지대가 괴멸될 수 있다. 강화 피드백을 멈추지 못하면 히말라야 만년설이 전부 녹아내리고 북극의 빙하와 동토층이 완전 궤멸되고 남극의 대빙하 지역이 더 많이 녹아내린다.

지구온난화의 충격을 바로 받고 있는 지역은 열대지방이나 사막이 아니다. 북극이다. 북극의 현재 기온 상승 폭은 지구 전체 상승 폭보다 2배 크다. 지난 50년 동안 2~3℃ 높아지면서 북극의 일부는 풀과 나무가 자라는 초목지대로 변하고 있고 북극곰의 서식지가 줄어들고 있다. 지구 평균기온 1℃ 상승으로 이미 재앙이 일어나기 시작했고 앞으로 일어날 추가 재앙을 거론하면 다음과 같다.

- 안데스산맥의 작은 빙하가 녹아서 5천만 명이 물 부족을 겪음
- 매년 30만 명이 말라리아 등 기후 관련 질병으로 사망함
- 영구 동토층이 녹아 러시아와 캐나다의 건물 및 도로가 손상됨
- 북극 바다의 얼음이 영원히 사라질 가능성에 직면함
- 세계 대부분의 산호가 죽음

• 10%의 생물이 멸종 위기에 처함

지구의 평균기온이 2℃ 상승할 경우에는 플랑크톤이 소멸하고 바다가 산성화된다. 대표적 재앙은 대홍수가 대륙을 휩쓰는 일이다. 1℃ 상승과 정반대 현상이다. 대홍수의 원인은 집중호우와 해빙이다. 기후 불안정으로 슈퍼 태풍이 더 자주 발생하고 지구 곳곳이 몬순기후대로 변하면서 집중호우 피해 지역이 늘어난다.

2021년 7월, 중국 허난성에 기상 관측 이래 가장 많은 비가 내렸다. 3일 동안 내린 비의 양은 정저우 지역에서 1년 동안 내릴 비의 총량과 맞먹었다. 중국에서는 1천 년에 한 번 있을 만한 폭우라는 평가가 나왔다. 지구 평균기온이 2℃ 상승하면 이런 홍수가 빈번하게 발생한다. 물론 가뭄도 반복되어 기아로 고통받는 사람들이 늘어난다.

이렇게 평균기온이 2℃ 상승하면 가뭄과 대홍수가 반복적으로 발생하는 구조가 만들어진다. 인간의 생활에도 치명적이다. 곡물 재배 위기로 국제 곡물가격이 크게 상승하고 전 세계 소비자가 어려움을 겪는다.

기후변화로 대규모 주거지 이동이 발생한다. 대규모 기후 난민의 출현이다. 선진국에서도 기후 난민이 발생할 수 있다. 해안가에서는 쓰나미 공격이 빈번해지고 해수면이 증가하며 도시와 마을이 사라지고, 내륙지역에서는 사막화로 도시와 마을이 사라지기 때문이다. 산림이 사라지면 그 장소는 사막이 된다. 사막의 모래바람이 인간이 생존할 수 없는 지역으로 만든다. 기후 난민의 수는 독재와 경제적 고통을 피해 후진국에서 발생하는 난민 수와 비교되지 않을 정도로 많을 것이라고 예측한다.

기후 난민이 발생하지 않는 지역도 안심할 수 없다. 지구의 거의 모든 지역에서 인간에게 치명적인 열파heat wave가 발생한다. 전염병의 공격도 거세진다. 코로나19와 같은 강력한 팬데믹이 반복해서 발생할 수 있고, 각종 전염병이 인간을 끊임없이 공격하는 상황이 벌어진다.

북극의 해빙이 여름철에는 완전히 녹아 없어진다. 가뭄과 사막화로 세계 곳곳에서 작은 물줄기는 완전히 말라 사라지고 큰 강들도 수위가 낮아지고 수질이 나빠진다. 먹을 수 있는 물이 줄어들면 물 쟁탈전이 벌어진다. 전 세계가 죽음의 전쟁으로 빨려들어갈 수 있다.

물 부족은 핵전쟁의 공포를 넘어서는 위협이다. 전 세계 인구 절반을 잃는 대가를 치르고서라도 물을 확보하려는 선택을 강요하게 된다. 다음 세계전쟁은 이념이나 경제가 아니라 기온 상승이 직접 원인이 될 수 있다.

전문가들은 현재 추세라면 앞으로 30년 후에 지구 평균기온이 추가로 1℃ 상승(1900년 대비 2℃ 상승)할 가능성이 높다고 전망한다. 지구 평균기온 2℃ 상승으로 일어날 추가 재앙을 거론하면 다음과 같다.

- 남아프리카와 지중해에서 물 공급량이 20~30% 감소함
- 열대 지역 농작물이 크게 감소함(아프리카는 5~10% 감소)
- 5억 명이 굶어죽을 가능성이 높아짐
- 6천만 명 이상이 말라리아에 노출됨
- 2003년에 유럽에서 수만 명이 죽었던 혹서가 매년 나타남
- 홍수로 1천만 명이 영향을 받음
- 아마존이 사막과 초원으로 변함
- 그린란드와 서남극의 빙산이 녹음
- 몇백 년 안에 해수면이 7미터 상승함
- 해양 산화, 모든 산호와 다른 바다 생물이 멸종함
- 33%의 생물이 멸종함

현재 우리는 '지구 기온 2℃ 상승' 단계에 진입하지 않았다. 그렇다고 안전한 것은 아니다. 지구는 인간에게 대재앙의 관문인 '지구 기온 2℃ 상승'이 곧 다가온다는 위험 신호를 계속 보내고 있다. 대표적 신호가 바로 지구 평균기온 1~2℃가 끓어오르는 기간에 시작되는 '전염병 일상화'라는 위협이다.

2010년, 필자는 '다음 전염병 대유행'에 대한 시나리오를 발표했다. 2009년 신종플루가 세계적인 팬데믹을 일으킨 후 빠르면 11년 이후에 또 다른 전염병 팬데믹이 발생할 가능성이 크다고 예측했다. 그 당시 필자의 분석으로는 '침묵의 암살자'라고 불리는 변종 바이러스의 공격은 대략 11~39년 간격으로 찾아

왔기 때문이었다. 가장 유력한 발병 진원지로 중국도 거론했다. 필자가 예측을 발표한 지 12년이 지난 2020년, 스페인독감 이후 100년 만에 최악의 팬데믹이 발생했다. 필자가 우려 지역으로 주목했던 국가인 중국에서 발생했다.

필자는 코로나19 팬데믹이 우연한 사건이라고 생각하지 않는다. 지구 평균기온 1~2℃가 끓어오르는 기간에 시작되는 '전염병 일상화' 위협에 진입하는 신호라고 생각한다.

전염병 일상화는 지엽적 전염병과 팬데믹이 하나의 패키지를 이루면서 반복되는 패턴이 작동하는 상태다. 필자가 예측하는 패턴의 반복 주기는 '12년 전후'다. 패턴의 예를 들면 다음과 같다.

2009년 신종플루는 세계적인 팬데믹을 일으켰다. 그 이후에는 지엽적 전염병이 발생했다. 2013년 메르스, 2014년 에볼라, 2016년 지카 바이러스가 그것이다. 그리고 2020년에 코로나19라는 팬데믹이 다시 발생했다. 2009년 팬데믹 12년 후에 2020년 팬데믹이 발생했고, 그사이에 지엽적 전염병이 3차례 있었다. 이전 팬데믹과 다음 팬데믹 사이에 지엽적 전염병이 3~4차례 발생하는 패턴이 앞으로 계속 반복될 '전염병 일상화'라는 뉴 노멀의 기본 구조다.

참고로 다음은 19~20세기까지 200년간 발병한 13차례의 팬데믹 전염병과 사망자 규모다.

• 1812년 나폴레옹군 러시아 공격 중 티푸스 발병, 수십만 명

사망

- 1816~1826년 아시아 대역병(콜레라) 발병, 인도·중국 등지에서 1,500만 명 사망
- 1852~1860년 2차 아시아 대역병 발병, 아시아와 중동 등지에서 수십만 명 사망
- 1881~1896년 콜레라 발병, 유럽·러시아에서 80만 명 사망
- 1865~1917년 3차 아시아 대역병 발병, 200만 명 사망
- 1889~1890년 아시아독감 발병, 100만 명 사망
- 1899~1923년 러시아콜레라 발병, 50만 명 사망
- 1902~1904년 4차 아시아 대역병 발병, 인도·필리핀 100만 명 사망
- 1918~1922년 러시아티푸스 대유행 발병, 300만 명 사망
- 1918~1919년 스페인독감 발병, 전 세계 2천만~5천만 명 사망
- 1957~1958년 아시아독감 발병, 전 세계 200만 명 사망
- 1968~1969년 홍콩독감 발병, 전 세계 100만 명 사망
- 2008~2009년 신종플루 발병, 전 세계 28만 4,500명 사망

(학계에서는 실제 사망자 수가 15배 많았을 것으로 추정)

2020년 코로나19 팬데믹은 2009년 신종플루 팬데믹보다 강력했다. 앞으로 찾아올 팬데믹형 인플루엔자 바이러스는 전염성과 치사율이 코로나19보다 한 단계 향상될 가능성이 크다.

2개 이상의 유행병이 동시 혹은 연달아 집단 발병하는 신데믹 syndemic 위험도 증가하고 있다. 코로나19 팬데믹과 다음 번 팬데믹 사이에 등장할 지엽적 전염병의 위력도 한층 강력해질 수 있다. 새로운 바이러스가 출현할 가능성도 있다.

WHO는 지난 40여 년 동안 39종의 새로운 전염병이 발견되었다고 발표했다. 페스트, 뎅기열병, 콜레라, B형간염 등 우리가 잘 아는 전염병이 변이를 계속하면서 인간의 면역체계를 회피하는 능력을 기르고 있다.

동물에게만 발생하는 인플루엔자 바이러스가 변종을 일으켜 종간 경계를 뛰어넘어 인간을 공격하는 사례도 빠르게 늘고 있다. 예를 들어, 2009년 신종플루 발병 후 만 1년도 되지 않은 2010년 6월 3일, 중국 중부의 후베이성 어저우시 어청구에 사는 22세의 임신부가 조류에만 발병하는 인플루엔자(H5N1)에 감염돼 숨지는 사건이 발생했다. 2021년 6월, 국가건강위생위원회는 동부 장쑤성에 거주하는 41세 남성이 H10N3형 조류 인플루엔자 감염자로 확인됐다고 발표했다. 이 바이러스에 사람이 감염된 사례는 처음이다.[40]

2021년 10월 14일, 파리 파스퇴르연구소의 마르크 엘루아 박사 연구팀은 라오스에서 인간 세포와 쉽게 결합 가능하고 코로나19 초기 변종보다 훨씬 우월한 신종 코로나 바이러스 3종을 발견했다고 발표했다.[41] 2021년 9월, 인도 남부 케랄라주에서 발생한 니파 바이러스도 비슷한 사례를 남겼다. 12세 소년이 감염되었고, 고열과 뇌염 증상을 보여 병원에 긴급 이송되었지만 사망했다. 인도 보건당국은 소년과 밀접 접촉한 188명을 추적, 격리, 입원 등의 조치를 취했다.

WHO는 니파 바이러스의 감염 증상도 코로나19처럼 무증상부터 발열, 두통, 근육통, 인후통, 급성 호흡기 증상, 뇌가 팽창하는 뇌염까지 다양하다고 분석했다. 니파 바이러스의 잠복기는 4~14일이고, 치명률은 50~75%에 이른다. 코로나19의 치명률 2%보다 수십 배 높다. 백신이나 치료약은 개발되지 않은 상태다. 니파 바이러스가 최초로 등장한 것은 1999년이다. 말레이시아와 싱가포르에서 돼지와 사람들이 이 바이러스에 동시 감염되었고 오염된 음식이나 사람 간 직접 전파 가능성도 확인되었다.

니파 바이러스는 과일 박쥐가 1차 숙주인 것으로 보이며, 박쥐가 먹거나 접촉한 과일이 매개가 되어 돼지에게 감염되었고, 박쥐에게 오염된 과일을 사람이 직접 접촉하거나 사람이 감염된 돼지를 도축하여 먹는 과정에서 2차 감염이 되는 것으로 분석되었다. 니파 바이러스의 위험성이 높은 이유 중 하나는 말, 염소, 양 등의 가축이나 개, 고양이 등 반려동물까지 감염되었을 가능성이 높기 때문이다. 즉 사람으로 감염되는 경로가 매우 넓게 펼쳐진 상태다.[42]

지난 2년 이상 우리를 괴롭혔던 코로나19는 동물의 병원체가 인간에게 옮겨져 발생하는 인수공통감염병이다. 1940~2004년 사이에 발생한 300건 이상의 전염병 유행 '사건' 중 인수공통감

염병은 60%에 이른다. 그중 약 12%가 신종 전염병이고, 또 그 중 75%는 인수공통감염병이다.[43]

사람에게만 전염되는 바이러스, 철새 등의 조류에게만 전염되는 바이러스, 돼지 등에게만 전염되는 바이러스가 따로 존재한다. 이론적으로는 다른 종간 교류는 불가능하다. 하지만 기존의 이론을 뒤엎으면서 바이러스의 종간 교류가 가능해지는 이유는 무엇일까? 그 이유는 2가지다.

첫째, 환경 변화다. 신종 전염병은 완전히 새로운 바이러스가 유발하지 않는다. 대개 이미 존재하는 바이러스(혹은 있었지만 알지 못했던 바이러스)가 원인이다. 환경이 바뀌지 않으면 바이러스나 세균은 제자리에만 있어서 다른 인간과 만날 위험이 줄어든다. 신종 인수공통감염병의 72%는 인간과 함께 생활하는 가축에서 유래하지 않는다. 인간과 멀리 떨어진 야생동물에서 유래한다. 하지만 인류는 빠른 속도로 생태계를 파괴하여 야생동물 서식지가 줄어들면 먹이를 구하지 못한 야생동물이 인간이 사는 영역으로 침투할 수밖에 없다. 야생동물이 가축이나 인간과 직접 접촉할 가능성이 늘어나면 중간 숙주를 거쳐서 인수공통 바이러스로 진화할 가능성이 높아진다.

기후변화가 심해지는 것도 마찬가지 효과다. 빙하가 녹고 숲이 사막화되면 더 많은 야생동물이 인간과 가까운 곳으로 올 수밖에 없다. 환경 파괴로 영구 동토층이 녹으면 고대 바이러스의 부활도 가능하다. 2014년, 프랑스·러시아 연구팀은 3만 년 된

시베리아 영구동토층에서 고대 바이러스를 발견하여 되살리는 실험에 성공했다. 연구진은 부활시킨 바이러스를 '피토 바이러스'라고 불렀다.[44]

이미 인간계 침투에 성공한 조류독감은 환경 파괴, 밀집, 효율, 약물, 돈벌이가 작동하는, 전 세계 곳곳에 있는 공장형 양계장을 무한 복제의 터전으로 삼고 있다. 지금은 소수의 인간만 감염시키고 사라지는 것을 반복한다. 하지만 인간을 감염시키는 규모가 커질수록 치사율은 낮아지고 전염 속도가 증가하는 변종으로 발전할 가능성은 열려 있다.[45]

원숭이나 침팬지에서 발병하는 유인원 면역결핍 바이러스는 사냥꾼이 잡은 고기를 먹거나 사냥을 하는 과정에서 변종이 되어 인간에게 감염된 것으로 추정된다.

학계에서는 치사율이 80%를 넘어서 역사상 가장 치명적인 바이러스로 분류되는 에볼라 바이러스도 비슷한 방식으로 인간에게 감염되었을 것으로 추정한다. 에볼라 바이러스는 1976년 아프리카 콩고의 한 정글에서 벌목 작업을 하던 사람에서 처음 감염되었다. 에볼라강에 서식하는 원숭이가 중간 숙주였을 것이라고 추정하지만 그것도 확실치 않아서 숙주가 확인되지 않은 병으로 남아 있다.

2003년에 최초 발병한 사스(중증급성호흡기증후군)도 중국 남부 광둥성의 박쥐가 사향고양이에게 감염시켰고, 그 고양이 고기를 인간이 도축해서 먹는 과정에서 인간 몸에 침투했다.

열대 정글 속에 숨어 있던 라임병, 말라리아, 뎅기열 등 일정 지역에서만 인간을 공격하는 질병이 지역을 넓혀가는 것도 같은 이유다. 환경 파괴가 불러온 지구온난화 현상으로 기온이 높아지고 강수량이 많아지면, 전염병과 각종 질병을 일으키는 매개 곤충인 진드기나 모기 등 매개 곤충의 분포 지역이 북반구의 도시들까지 확대되고 번식과 활동량이 증가된다.

둘째, 인플루엔자 바이러스 자체의 불안정성이다. 인플루엔자 바이러스는 DNA보다 불완전한 RNA 구조로 되어 있고 8개로 나뉘어진 유전자 조각들이 끊임없이 변이하려는 속성을 가진다. 바이러스가 변이를 반복하는 과정에서 중간 숙주와 만나고 그 안에서 유전자를 재조합해 사람 인체에 감염되기 쉽고 동시에 인류의 대부분이 감염을 막는 면역력이 없는 바이러스로 재탄생한다.

불완전한 RNA구조로 되어 있는 인플루엔자가 한 번이라도 인간의 몸에 잠입하는 데 성공하면 이후로는 언제든지 인간의 면역 시스템을 더 잘 피할 수 있도록 변이 혹은 변종(돌연변이)을 반복한다. 변이와 변종을 거치는 과정에서 사람의 면역반응을 피하고 백신을 무력화하는 능력을 획득한다.

그것이 전부가 아니다. 전 세계 인간을 감염시킬 수 있는 능력을 갖추기 위해 변이와 변종을 계속 반복한다. 바이러스는 치사율이 높으면 전염성은 낮아서 인간 간 감염 속도가 느리다. 팬데믹으로 발전하기 전에 진압이 가능하다. 하지만 바이러스도 종족 번식이 최고 목적이다. 더 많은 인간 숙주에게 퍼져서 종족을 퍼뜨리려면 치사율을 낮추고 전염성을 강화하는 쪽으로 선택적 변이와 변종을 반복한다.

조류 인플루엔자 바이러스도 인간을 감염시키기 시작했기 때문에 언젠가는 코로나19나 스페인독감 바이러스처럼 팬데믹을 일으킬 수 있는 수준으로 변이나 변종에 성공할 가능성이 다분하다. 그러면 또 한 차례의 대재앙이 일어난다.

필자는 앞으로 '전염병 일상화' 패턴이 1~2회 반복해서 일어나는 동안 후베이성의 임신부를 사망하게 만든 조류 인플루엔자 바이러스가 전 세계 인간을 공격할 준비를 마칠 가능성도 충분하다고 생각한다.

변이와 변종을 거듭하며 무섭게 발전할 수 있는 바이러스는 도처에 존재한다. 에볼라 바이러스는 건강한 사람이라도 악수한 번 하는 것만으로 감염될 정도로 전염성이 매우 높다. 사람 몸속으로 침투한 에볼라균은 단백질막을 파괴하고 세포 속으로 들어가서 세포가 터질 정도로 빠르게 증식한다. 모든 세포가 터지면서 사람은 피를 토하고 죽는다. 에볼라 바이러스는 감염된 사람(숙주)이 빠르게 사망하는 덕분에 지역 방어망을 뚫지 못해서 전 세계로 빠르게 퍼지지 못하고 있다. 하지만 에볼라 바이러스도 변이와 변종을 계속 만들어내고 있다. 언제든지 숙주를 죽이는 치명률을 스스로 낮추고 전염성을 높여 비행기, 배, 자동차 등을 타고 전 세계로 퍼져나갈지 모른다.

사스 바이러스도 처음에는 감염환자를 치료하던 의사에게 감염되었는데, 그 의사가 결혼식에 참석하기 위해 150km 떨어진 홍콩으로 가서 12명의 피로연 손님에게 병을 옮겼다. 그리고 피로연을 마치고 각자의 나라로 되돌아간 12명을 통해 싱가포르, 베트남, 캐나다 등으로 빠르게 확산되었다. 이런 방식으로 8개월 동안에만 30개 국가에서 8천 명 정도 감염되었고, 그중 774명이 사망했다.

사스 바이러스와 유사 종이지만 치사율은 더 높은 메르스도 사우디아라비아와 아랍에미리트를 중심으로 발생했지만 비행기 승객을 매개로 유럽까지 전파되었다.

코로나19는 중국 우한의 봉쇄망을 어떻게 뚫었을까? 비행기다. 필자는 코로나19 발병 초기에 향후 코로나19가 전파되는 경로와 순서를 예측하는 데 다양한 자료를 참고했는데, 그중에서 가장 효과적이었던 것은 전 세계 항공기 취항 지도였다. 단일 자료로는 가장 높은 예측 적중률을 보여주었다.

미래에는 이동수단의 발달이 가속화되면서 세계는 더 빠르게 이동하고 더 광범위하게 접촉할 것이다. 지금도 매년 10억 명 정도가 여가와 업무를 위해 세계를 돌아다닌다. 미래에는 이 수가 2~3배 더 늘 것이다. 그만큼 전염병의 세계적 확산 위험도는 높아진다.

먹거리의 세계화도 질병이나 전염병을 전파하는 한 원인이다. 1993년 장출혈성 대장균 'O157'이 미국산 쇠고기로 만든 햄

버거 패티에서 발견되었다. 미국이 O157 대장균에 오염된 소고
기를 수출하는 과정에서 전 세계로 병균이 퍼져나갔다. 뇌를 잠
식하는 '죽음의 프리온'이라고 불리는 크로이츠펠트-야코프병
도 전 세계를 공포에 떨게 했다. 일명 인간 광우병이다.

프리온(단백질과 바이러스 입자의 합성어)도 바이러스처럼 변이와
변종을 거듭한다. 가정 요리나 패스트푸드의 재료로 많이 쓰이
는 오리, 닭, 메추라기도 중요한 먹거리 무역 품목 중의 하나다.
그러나 매년 정기적으로 고개를 쳐드는 조류독감균 때문에 공
포에 휩싸인 양계업자들이 세계 곳곳에서 수많은 오리, 닭, 메추
라기를 폐사시키고 있다.

무역의 세계화는 먹거리뿐만 아니라 해충, 잡초, 세균, 조작된
유전인자들을 무차별적으로 뒤섞는 데 일조한다. 광우병은 동
물성 단백질 사료의 국제 무역을 최적의 유통 경로로 삼고 있다.
그중에서 세계적인 살인마가 몇몇 숨어 있다.

21세기에는 전염병이 전쟁보다 무섭다. 1918~1919년에 발
병한 스페인독감은 제1차 세계대전 사망자보다 몇 배 더 많은
인명을 앗아갔다. 2020~2021년에 발병한 코로나19도 제2차 세
계대전 이후에 지구상에서 발생했던 전쟁과 테러로 인한 사망
자보다 더 많은 죽음을 불러왔다.

바이러스 공격만 두려운 것이 아니다. 박테리아의 위협도 증
가하는 추세다. 집단 사육하는 가축의 전염병이나 질병 감염을
막기 위해 항생제를 남용하고 있다. 가축의 몸속에서 항생제에

내성을 키운 균들이 인간의 몸속에 들어오면 다른 균들에게도 내성을 전달할 수 있다.

최후의 항생제인 반코마이신에도 내성을 보이는 반코마이신 내성황색포도알균VRSA이 이미 출현한 상태다. 미국에서는 항생 제내성세균MRSA, 반코마이신내성장구균VRE, 병원 내 2차 세균 감염 등으로, 많게는 200만 명의 환자가 감염되고 10만 명 이상 이 사망한다.

항생제가 없었다면 만들어지지 않았을 MRSA는 이미 주요 선 진국의 병원 대부분에 침투해 있다.[46] 교묘하게도 MRSA가 환자 과밀 병원과 환자들의 자유로운 이동을 따라 서식하기 때문이 다. 병원에서 환자에게 남용하는 항생제도 슈퍼 박테리아 출현 을 앞당기는 요인이다. 슈퍼 박테리아 집단 발병이 이미 시작되 었다는 것을 유념해야 한다.

지구 재앙
시나리오

지구의 평균기온이 3℃ 상승할 경우에는 지금까지와는 차원이 다른 재앙이 다가온다. 대표적 재앙은 아마존 우림지대와 바닷속 산호숲이 사막으로 변하는 것이다. 바다 온도가 높아지면서 산호초가 완전히 멸종하는 백화현상이 일어나면 바다 생태계가 뿌리부터 흔들린다. 아마존 우림지대가 완전 소멸되면 지구는 시한부 선고를 받게 될 것이다. 인간의 힘으로는 아무것도 할 수 없는 속수무책 상황이 된다.

사실상 3℃가 인간 대응의 마지노선이다. 그다음부터는 끝장이다. 지옥문이 열린다. 지구를 버리고 화성으로 이주할 준비를 시작하거나 기적만 바라야 한다.

지구의 평균기온이 3℃ 오르면 식물이 심한 스트레스를 받고, 가뭄과 열기로 먹이가 줄고, 생태계가 혼란에 빠진다. 인간도 식물도 동물도 생존의 한계점에 도달한다. 지구가 뜨거워진 상황에서 집중호우가 내리면 더위를 식히는 작용보다는 엄청난 습도를 발생시켜서 오히려 땀을 배출하기가 더 어려워진다. 습기가 없는 날에는 열파현상이 인간을 괴롭힌다. 북극과 남극에서 엄청난 양의 빙하가 녹으면서 해수면이 상승하며 플로리다, 뉴욕, 런던이 물에 잠긴다. 방글라데시는 전 국토의 20%가 수몰된다.

기후변화로 물 부족 문제는 더 심해진다. 대부분의 국가와 도시는 단수나 제한급수를 시행하고 수자원 및 급수 시설에는 군대가 배치된다. 상당수의 저수지에서 물이 말라버리고, 남아프리카, 호주, 남유럽, 남미, 미국 서부, 중앙아시아 등지에서는 사막화가 가속된다.

건조해진 아마존 우림지대가 산불로 몸살을 앓는다. 아마존 산림이 심하게 훼손되면서 온실가스가 배출되고 이산화탄소를 흡수할 여력도 급격하게 줄어든다. 열대지역은 벌레들에게 점령당하고 북반구 전 지역에 걸쳐서 열대지방의 풍토병이 발생한다.

침수나 사막화가 진행되는 지역의 주민들이 다른 도시로 이주하거나 국경을 넘어 다른 나라로 대이동한다. 어떤 나라는 국경을 넘어오는 사람들을 막기 위해 군대를 동원하는 선택을 해야 한다. 지구 평균기온 3℃ 상승으로 일어날 추가 재앙을 거론하면 다음과 같다.

- 지구온난화 제어가 불가능해짐
- 나무 등이 타서 지구 온도를 1.5℃ 추가로 상승시킬 동력이 생성됨

- 유럽에서 10년마다 대가뭄이 발생해 10억~40억 명이 물 부족에 시달림
- 기근 피해자가 5억 5천만 명 증가함
- 아프리카와 지중해 주변에서는 물의 양이 30~50% 감소함
- 최대 300만 명이 영양실조로 사망함
- 해수면 상승으로 작은 섬과 낮은 땅이 잠김
- 최대 50%의 생물이 멸종 위기에 놓임

지구의 평균기온이 4℃ 상승할 경우에는 인간의 과학기술이나 생활 노력은 무용지물이다. 지구 평균기온이 3℃ 상승하면 자동으로 4℃ 상승이 일어나고, 다시 5℃ 상승으로 거침없이 진군한다. 깊고 무시무시한 길, 지옥으로 가는 길, 파멸적 재앙을 더 이상 되돌릴 수 없는 상황에 빠진다.

4℃ 상승부터는 1년 365일 국가재난 비상상황이 전개될 것이다. 지구 어디에도 재난을 피해 숨을 곳이 없어진다. 지구 평균기온 4℃ 상승으로 일어날 추가 재앙을 거론하면 다음과 같다.

- 30~50%의 물이 감소하고 아프리카 농작물이 15~35% 감소함
- 아프리카에서 최대 8천만 명이 말라리아로 사망함
- 해안지역 인구 최대 3억 명이 홍수 피해를 입음
- 이탈리아, 스페인, 그리스, 터키가 사막이 됨

- 유럽 중앙의 여름 기온은 50℃ 가까이 상승함
- 남극의 얼음이 녹으면서 해수면이 5m 추가 상승함
- 북극의 얼음이 녹아 북극곰 등 얼음이 필요한 생물이 멸종함

지구의 평균기온이 5℃ 상승할 경우에는 지구는 우리가 아는 지금의 모습을 잃는다. 지구상에 존재하는 모든 빙하가 녹아내리고 정글도 불타 소실된다. 대표적 재앙은 지구상에서 엄청난 사람들이 기아, 난민 생활, 전염병, 기후재난, 물 쟁탈전으로 목숨을 잃는 것이다. 세계 곳곳이 황폐화된다. 간신히 살아남은 사람들도 격렬한 투쟁을 멈추지 않는다. 과학기술이 발전했다면 부자들과 기득권자들은 이미 달이나 화성으로 이주를 시작했을 것이다.

지구의 평균기온이 6℃ 상승할 경우에는 어떤 식으로 지구가 멸망할지 그 누구도 상상하기 어려운 지경에 이른다. 지구가 불타올라 생지옥이 될 수도 있다. 또는 정상적인 열염분 순환thermohaline circulation 구조에 왜곡이 생겨 해수 컨베이어벨트가 망가지면서 빙하기가 도래하여 거의 모든 생명체가 죽음으로 내몰릴 수 있다.

나쁜 메시지와
전쟁 공포

끓어오르는 것이 더 있다. 제3차 세계대전, 핵전쟁에 대한 공포 감이다. 이 공포감을 끓어오르게 하는 원인은 여러 가지다. 하드 웨어 측면에서의 원인은 미국의 힘이 줄어들면서 글로벌 질서 균형이 무너진 것, 그에 따라 영토분쟁 지역에서 군사적 힘을 사 용하는 빈도가 높아지는 것이 가장 큰 이유다. 소프트웨어 측면 에서의 이유도 있다. 메시지의 전파 속도가 전례없이 증가한 것 이다.

21세기는 전쟁이 인터넷과 방송으로 실시간 생중계되고, 매 일 비평가들의 분석과 향후 전망이 폭발하는 시대다. 러시아가 우크라이나를 침공하는 장면도 연일 전 세계에 생중계되었다. 러시아가 발사한 포탄 한 발의 낙하 위치까지도 속속히 알게 되 었고, 그에 대한 해석과 전망도 듣게 되었다.

러시아가 발사한 포탄 하나가 실수로 폴란드 같은 NATO 국 가 국경 가까이 떨어지면 곧바로 미국과 유럽의 참전 우려가 실시간으로 퍼지고 제3차 세계대전 우려가 치솟았다. 바이든 대통령이 특별연설, 기자회견, 전쟁 현황 브리핑 등에서 전하는 감정, 숨소리, 말 한마디가 초유의 관심사가 되고, 미국이 푸틴 축출을 계획했다는 등의 다양한 해석이 난무했다.

메시지 전파 속도의 전례없는 향상에는 장단점이 있다. 인류 역사에서 메시지의 전달 속도가 향상될 때마다 중대한 변혁이 일어났다.

철옹성 같았던 중세사회에 비수를 꽂은 것은 루터의 메시지였다. 하지만 루터의 메시지가 가진 힘을 증폭하며 새로운 대항 네트워크(신교) 형성에 결정적으로 기여한 것은 구텐베르크의 인쇄술이었다. 인쇄술은 지금의 인터넷처럼 메시지의 전파 속도를 비약적으로 높인 혁명적 신기술이었다. 구텐베르크의 인쇄술이 없었다면 루터가 쏘아 올린 메시지는 작은 화살 하나, 날카롭지만 작은 단검 하나에 그쳤을 수도 있었다.

구텐베르크의 인쇄술 덕분에 루터의 외침은 중세 시스템에 도전하는 종교개혁자들을 거쳐 유럽 전역으로 빠르게 퍼져나갔고, 새로운 메시지에 동조하는 새로운 사회 네트워크(신교)를 빠르고 강하게 형성하는 데 성공했다.

루터 이후 자유와 평등 사상, 자본주의 사상, 민주주의 사상 등 더 나은 미래를 만드는 데 일조했던 메시지들의 성공에도 어김없이 정보 전파 속도의 향상이 있었다.

메시지의 전달 속도 향상은 각종 전쟁의 공포와 인류 문명의 붕괴 우려처럼 나쁘고 우울한 메시지가 가진 힘도 순식간에 증폭한다. 현재 지구 곳곳에 갈등 수준이 점점 높아지는 영토분쟁 지역이 많다. 이런 곳은 언제든지 무력 충돌 혹은 전쟁이 일어날 개연성이 높다.

러시아가 전쟁을 일으켰던 우크라이나와 조지아도 정부군과 러시아의 지원을 등에 업은 반군 간의 분쟁지역이었다. 중동에서는 팔레스타인 자치지구가 대표적인 분쟁지역이다.

아시아의 대표적인 영토분쟁 지역은 남중국해에 있는 스프래틀리군도로, 중국, 대만, 베트남, 필리핀, 말레이지아, 브루나이 등 6개 국가가 영유권을 주장하고 있다. 쿠릴열도에서는 러시아와 인도가 분쟁을 벌이고 있다. 태평양에서 중국과 러시아의 영향력 확대를 견제하려는 미국이 이런 분쟁지역에 점점 더 관여하면서 갈등 수위는 더욱 높아지고 있다.

아시아 내륙에도 분쟁지역이 많다. 중국이 실효 지배를 하고 있는 아크사이친과 인도가 실효 지배를 하고 있는 아루나찰프라데시다. 카슈미르 지역은 중국, 인도, 파키스탄이 분할 점유를 하면서 영토분쟁을 벌이고 있다.

주요 분쟁지역은 미국, 러시아, 중국, 일본, 유럽, 인도, 파키스탄 등 강대국이나 핵 보유국이 관여되어 있다. 영토분쟁 지역은 국경선 위치 그 자체가 정치적 위신, 군사적 이득, 경제적 이익, 역사나 종교 문제와 연결되어 있다. 그래서 한 치의 땅이라도 더 소유하려고 다투는 무력 충돌이 언제든 발생할 수 있다.

작은 분쟁이 메시지 전송 속도의 비약적 향상에 힘입어 확전을 거듭하다 급기야 제3차 세계대전 발발의 공포로 폭발하는 것을 반복적으로 경험하게 될 것이다.

누적된 갈등,
폭발하는 불만

전쟁, 기후위기, 인플레이션, 공급망 교착, 국내 정치 교착 등이
서로 맞물려 움직이면 국민의 불만도 끓어오른다. 2010년 말,
중동과 북아프리카에서 유례없는 반정부 시위가 일어났다. '아
랍의 봄'이라고 일컫는 '아랍 혁명 Arab Revolution'이다.

반정부 시위를 폭발시킨 사건은 2010년 12월 17일에 일어났
다. 튀니지 청년 노점상인이었던 모하메드 부아지지가 관리들
이 시디 부지드 마을에서 농산물 판매를 중단하자 분신 자살을
하면서 시위는 그 이듬해인 2011년 1월에 반정부 시위인 재스
민혁명으로 번졌다. 모하메드 부아지지의 분신 사건과 튀니지의
혁명 성공 소식이 인터넷과 방송을 통해 전 세계로 퍼졌다.

혁명의 물결도 튀니지 인근의 이집트(2011년 2월 코샤리혁명),
리비아(2011년 10월), 시리아, 예멘(2011년 11월)을 넘어 걸프 왕정
국가들, 북아프리카의 독재국가들로까지 확산되었다. 그 과정에
서 24년간 튀니지를 지배했던 벤 알리 대통령은 사우디아라비

아로 피신했고, 리비아를 42년 동안 철권통치했던 무아마르 카다피는 고향 시르테로 피신했지만 반정부 세력에 의해 사살되었다. 예멘을 33년 동안 통치했던 독재자 알리 압둘라 살레는 리야드로 도망가면서 대통령의 권한을 부통령에게 이양했고, 무하마드 호스니 무바라크 이집트 대통령도 군부에 권력을 이양하고 물러나는 등 각국의 독재정부가 무너졌다.

국민혁명을 불러온 근본적 이유는 수십 년간 독재자와 소수 귀족에게만 부가 집중되고, 경제불황이 깊어지면서 빈부격차가 커지고, 청년 실업률이 고공행진하고, 각종 부패와 타락이 만연하는 등 독재정치의 부작용이 극에 달하면서 국민 불만이 오랫동안 누적된 것이다.

누적된 불만에 불을 붙인 것은 2010~2011년에 발생한 극심한 기근이었다. 2010년 7월, 러시아 가뭄으로 밀 가격이 폭등했다. 8월에는 파키스탄에 대홍수가 발생하면서 쌀 가격이 급등했다. 11월에는 라니냐의 영향으로 가뭄과 고온이 지속되면서 아르헨티나의 옥수수, 대두 작황이 최악을 기록했다. 미국에서도 건조한 기후의 영향으로 붉은 밀의 생산이 감소했다. 중국 밀 생산지의 가뭄도 다음 해까지 지속됐다. 2011년 봄에는 멕시코에서 이상 추위가 발생하면서 옥수수 생산이 감소하면서 옥수수 가격도 급등했다.

2010년 9월 이후 국제 곡물가격은 2002~2004년 평균 곡물가격의 2배 이상을 꾸준히 유지했다. 곡물가격의 국제적 폭등은

아랍과 북아프리카 독재국가처럼 정치경제 구조가 취약한 나라
의 곡물가격 상승을 더욱 부채질했다. 결국 관리들이 마을에서
노점상인들의 농산물 판매를 중단하자 튀니지 청년 모하메드
부아지지가 분신하며 저항했고, 이 사건을 계기로 오랫동안 누
적된 국민 불만이 한순간에 폭발했다.[47]

 2022년, 러시아가 우크라이나를 침공하자 밀 가격이 폭등했
다. 러시아와 우크라이나의 밀 생산량은 세계 밀 생산량의 14%
에 달하고, 수출시장 점유율은 30%에 이르기 때문이다. 엎친 데
덮친 격으로, 미국과 유럽이 러시아에 경제 제재를 가하자 러시
아산 비료 수출(전 세계 공급량 15% 차지)이 급감하면서 국제 비료
가격도 급등했다. 그러자 전 세계 곡물가격이 들썩였다.

 러시아와 우크라이나산 밀 의존도가 높은 중동과 북아프리
카 지역에서는 식량안보 문제로 번졌다. 이집트에서는 빵 가격
이 25% 급등했다. 레바논에서도 밀 가격이 67% 상승하자 사재
기가 기승을 부리며 밀가루가 품절되고 빵 가격은 70% 폭등했
다. 이라크 중부 도시 나시리야에서는 식량가격 상승에 반대하
는 소규모 시위도 발생했다. 아랍의 봄 당시처럼 국민 불만이 끓
어올랐다.

 2022년 3월 21일, 무스타파 마드불리 이집트 총리는 빵 가격
을 1kg당 11.5이집트파운드(약 764원)로 동결했다. 빵값 보조금
예산도 전쟁 이전보다 10억 달러(약 1조 2,200억 원) 늘렸다. 이라
크 정부도 식량 지원이 필요한 사람들을 위한 보조금 지급, 배급

예산 검토 등의 패키지 법안을 발 빠르게 발표해서 국민 불만을 달랬다.[48]

필자의 예측으로는 앞으로 이런 상황은 빈번하게 일어날 가능성이 높다. 전쟁, 기후위기, 인플레이션, 공급망 교착, 국내 정치 교착 등이 서로 맞물려 움직이면 산업에서는 원자재 가격이 들썩이고, 시장에서는 곡물가격이 폭등한다.

국민 불만이 끓어오르는 스탠딩 웨이브 현상은 한국도 예외가 아니다. 한국은 지금, 빈부 갈등, 이념 갈등, 세대 갈등, 젠더 갈등, 지역 갈등, 정치 갈등 등 온갖 갈등에 휩싸여 있다. 고소·고발 건수는 연평균 50만 건에 이르고, 갈등지수 순위는 경제협력개발기구OECD 내에서 3위다. 2021년 8월, 전국경제인연합회(전경련)는 OECD 회원국 30개국의 정치·경제·사회 등 3개 분야 13개 항목을 종합해서 산출한 갈등지수(2016년 기준)에서 한국은 55.1p를 기록해서 전체 30개국 중 멕시코(69.0p, 1위), 이스라엘(56.5p, 2위) 다음으로 3위를 기록했다고 발표했다.

한국의 갈등지수는 극단적으로 국론이 쪼개져서 치열하게 싸움을 벌이고 있는 미국(43.5p, 6위), 브렉시트 문제로 갈등 수위가 높아진 영국(41.4p, 8위)보다 높았다. 분야별로 보면, 사회 분야 갈등지수는 2위로 OECD 회원국 중 최상위권을 기록했고, 경제 분야 갈등지수도 3위에 올랐다. OECD 회원국과 비교해서 지니계수(가처분소득 기준) 등 소득불평등을 나타내는 항목 순위가 높았기 때문이다. 정치 분야 갈등지수도 4위에 올랐다. 전경련은 한국이 사회적 갈등이 높은 것은 영토 대비 인구수가 많아 주택, 공장·공공시설의 입지 문제 등 관련 사회적 갈등이 빈번하게 발생하는 때문이라고 분석했다.[49]

전경련의 자료로 예측하자면 당분간 한국 내에서 갈등이 수 그러들기는 어려울 것으로 보인다. 전경련이 분석한 자료에 따르면 한국은 갈등지수는 높지만, 갈등관리 역량은 30개국 중 27위에 머물렀다. 한국보다 갈등관리 능력이 낮은 나라는 헝가리(28위), 그리스(29위), 멕시코(30위)뿐이다.

4

파에톤의 추락
The Fall of Phaeton

자기과신의
비극적 결말

그리스·로마 신화에 태양신 헬리오스가 에티오피아 왕비 메로프스와 바람을 피워 낳은 아들, 파에톤이 등장한다. 파에톤은 신을 아버지로 두었지만 어머니가 인간이었기에 신들의 왕국인 올림포스산에서 살 수 없었다. 파에톤은 인간의 땅에서 양아버지 메로프스 밑에서 어린 시절을 보냈다. 친구들은 파에톤의 이름을 두고 "네가 태양신의 아들이냐?" 하며 놀려댔다. 파에톤이란 이름의 뜻이 '빛나는 자'였기 때문이었다. 그럴 때마다 파에톤은 어머니께 친아버지를 알려달라고 졸랐다. 하지만 어머니는 파에톤이 성인이 될 때까지 답해주지 않았다.

성인이 되어 친아버지의 존재를 알게 된 파에톤은 아버지를 만나기 위해 먼길을 떠난다. 갖가지 모험과 우여곡절 끝에 파에톤은 아버지 헬리오스를 만난다. 친아들을 만난 태양신 헬리오스는 아들이 안쓰러워 무슨 소원이든지 들어주겠다고 스틱스강에 맹세를 한다. 그 말을 듣고 파에톤은 헬리오스의 상징인 태양

마차를 몰게 해달라고 소원을 빌었다. 헬리오스는 그 소원만은 들어줄 수 없다고 말했다. 너무 위험했기 때문이다. 수차례 만류했음에도 파에톤은 고집을 부리면서 물러나지 않았다. 헬리오스는 스틱스강에 한 맹세를 취소할 수 없어서 주의사항을 잘 지키라는 조건으로 승낙을 하고 말았다.

태양신 헬리오스의 마차에 올라탄 파에톤은 하늘로 솟구쳐 올랐다. 신이 났다. 하지만 헬리오스의 마차는 제우스도 다루기 힘든 물건이었다. 거친 말들이 모는 마차가 속도를 올리자 파에톤도 점점 두려워졌다. 헬리오스보다 가벼운 파에톤이 마차를 몰자 말들은 평소보다 가벼워진 무게에 신이 나서 마구 날뛰며 하늘로 높이 치솟았다가 다시 땅으로 급하강하는 등 제 마음대로 내달렸다. 파에톤은 고삐까지 놓쳤고, 말들이 길길이 날뛰는 데로 이리저리 끌려다녔다.

결국 헬리오스의 마차가 땅으로 너무 내려가는 바람에 온 땅은 불바다가 되었고 사람들의 피부와 머리칼은 까맣게 타버렸다. (신화에서는 이때 태양이 제멋대로 움직이면서 아프리카 사막이 생겨났고, 에티오피아인의 피부도 이때 까맣게 되었다고 한다.)

하늘이 마르고 땅이 불타고 올림포스산마저도 잿더미로 변할 위험에 처하자 보다 못한 제우스가 파에톤이 타고 있는 마차를 향해 번개를 집어던졌다. 파에톤은 마차와 함께 산산조각 나서 공중에서 불덩이가 되었고 헬리오스는 겨우 태양을 제어했다. 제우스의 번개를 맞아 머리가 불탄 채로 에리다누스강에 추락한 파에톤의 시체는 강의 요정들이 거두어 무덤을 만들어주었다. 파에톤의 죽음에 통곡하던 누이 헬리아데스는 포플러 나무(미루나무)가 되었고 눈물은 호박이 되었다. 파에톤의 어머니는 졸지에 자녀를 모두 잃었다. 파에톤의 절친이며 외가 친척인 퀴크노스는 파에톤의 죽음을 슬퍼하다가 백조가 되었다. 파에톤의 자기과신이 부른 비극적 이야기다.[50]

연준의 오판과
자기과신

자기과신은 비극을 부른다. 솟구쳐 오르면 반드시 추락하는 것이 자연의 이치다. 팬데믹 이후 엔데믹 세상을 설명하는 네 번째 단어는 자기과신이 빚은 비극적 결말을 의미하는 '파에톤의 추락the Fall of Phaeton'이다.

필자는 앞서 3%대 근원인플레이션율이 장기간 유지되는 미래를 '매우 높고 위험한 인플레이션 시나리오'라고 명명했다. 이 시나리오에서 주인공은 연준이고, 최악의 추락상황은 '스태그플레이션 발발'이나 '자산시장 대학살' 둘 중 하나다.

추락의 첫 번째 가능성인 '스태그플레이션 발발'에 대해서 예측해보자. 경기침체를 뜻하는 스태그네이션과 물가상승을 뜻하는 인플레이션의 합성어인 스태그플레이션은 인플레이션율 상승이 계속되거나 높은 수준에 머물러 있는 상황에서 실물경제 활동 침체가 발생하는 상태다. 쉽게 말하면 경제성장률이 인플레이션율보다 낮아지는 상황이 장기간 유지되는 상태다. 연준이

40년 만에 최고치를 갈아치운 미국의 인플레이션율을 잡는 데 실패하면 곧바로 스태그플레이션 상태가 되고, 경기대침체(리세션recession)가 일어날 수 있다.

스태그플레이션이 발생하는 경로는 2가지로 설명할 수 있다.

첫째, 경제성장률이 하락하는 추세에서 근원인플레이션율이 상승을 거듭하여 그 차이가 역전되면 발생한다. 대부분의 스태그플레이션 상황이 이 경로를 따른다. 1970년대 초 베트남전쟁과 홍콩독감 유행으로 충격을 받았을 때, 1974년 제1차 오일쇼크와 1980년 제2차 오일쇼크가 실물경제를 덮쳤을 때, 1991년 걸프전쟁과 부동산 침체가 일어났을 때, 2001년 닷컴 버블이 붕괴했을 때 등이 여기에 속한다.

둘째, 근원인플레이션율이 하락하는 추세이지만 경제성장률 하락속도가 더 빨라서 그 차이가 역전되는 상황이다. 두 번째 경로는 첫 번째 경로보다는 드물게 일어나지만 경기대침체 충격은 상대적으로 크다.

1982년에 발생했던 경기대침체와 2008년 부동산 버블 붕괴로 인한 경기대침체가 대표적이다. 2004년 초, 닷컴 버블 붕괴 충격을 치료하기 위해 퍼부은 엄청난 유동성의 부작용으로 미국의 인플레이션율이 급상승하기 시작했다. 치솟은 인플레이션율에 다급해진 연준은 2004년 7월부터 2005년 7월까지 1년 동안 기준금리를 7회 인상하여 1.75%p까지 올렸다. 다행히 연준이 6~7번째 기준금리 인상을 할 무렵에 무섭게 치솟던 인플레이션율이 하락 추세로 전환되었다. 그 대신 경제성장률이 급락하기 시작했다. 설상가상으로 2006년에 들어서자 인플레이션율이 재상승으로 돌변했다.

당황한 연준은 기준금리 인상속도를 더 높였다. 경제성장률은 더욱 하락했다. 연준의 노력에도 불구하고 인플레이션율은 하락으로 전환되지 않았다. 2006년 3분기에 들어서자 경제성장률과 인플레이션율이 역전되었다. 둘 간의 차이는 0.4%p였다.

스태그플레이션 우려가 시장을 강타하자 연준은 기준금리 인상을 멈췄다. 다행히 연준을 괴롭혔던 인플레이션율도 하락 추세로 전환되었다. 하지만 미국의 인플레이션이 하락으로 전환된 것은 높은 기준금리 때문이 아니었다. 경제성장률 하락이 더 빨랐기 때문이었다. 경제성장률과 인플레이션율은 역전 현상은 개선되지 않았고, 경제성장률과 인플레이션율이 동시에 추락했다.

2007년 말이 되자 부동산 가격 하락속도가 빨라졌고 주식시장도 무너지기 시작했다. 2008년에는 경제성장률 추락에 가속도가 붙으면서 경제성장률과 인플레이션율은 역전된 차이가 2%p까지 벌어졌다. 그리고 경기대침체와 경제대추락이 시작되었다.

2022~2023년의 미국 경제성장률이 2021년 고점인 5.7%에서 계속 하락하는 것은 정해진 미래다. 2023년 미국의 근원인플레이션율도 2022년보다 낮아질 것이 분명하다. 하지만 연준이 인플레이션율을 잡기 위해 과도한 기준금리 인상과 대차대조표 축소를 단행한다면 경제성장률 하락속도가 근원인플레이션 하

락속도보다 더 빨라질 우려가 있다.

이 시나리오에서 연준의 오판과 자기과신은 2가지다. 하나는 인플레이션율 상승세에 대한 오판과 인플레이션율이 높아도 충분히 다스릴 수 있다는 자기과신이고, 다른 하나는 기준금리 인상을 빠르고 크게 단행해도 미국 경제가 충분히 버틸 수 있다는 오판과 자기과신이다. 스태그플레이션이라는 파에톤의 추락 발생 여부를 가늠하는 시점으로 2023년은 매우 중요한 해다.

2023년, 연준이 기준금리 인상속도와 폭을 빠르고 높게 하고서도 인플레이션율 하락이 경제성장률 하락속도보다 더 느려서 둘 간의 차이가 역전된다고 생각해보자. 미국 실물경제와 금융시장은 2년간의 경제성장률 하락과 연준의 강도 높은 긴축으로 피로감을 느끼게 된다. 이런 상황에서 스태그플레이션이 현실이 되면 연준의 신뢰도 하락과 더불어 소비, 투자, 생산 등 각종 경제 심리가 한순간에 얼어붙는 악순환 고리가 작동할 수 있다.

그 결과 2023년 경제성장률은 정상보다 더 빠르게 하락할 수 있다. 가장 낮은 예상치인 2% 초반대로의 급락이다. 최악의 경우 2024년에는 정상 궤도 복귀에서 벗어날 수도 있다. 1%대까지 급락이다. 시장 최후 방어자 역할을 하는 미국 중앙은행의 정책에 대한 불신이 시장을 심리적 대혼란으로 몰아넣는다. 시장이 심리적 대혼란에 빠질 때 실물경제는 스태그플레이션 충격에 빠진다. 투자시장은 대폭락을 맞는다. 그리고 경제는 속절없이 파에톤의 추락을 한다.

자산시장
대학살

스태그플레이션을 피한다고 해보자. 그렇다고 안심할 수는 없다. 파에톤의 추락의 두 번째 가능성이 남아 있다. 이 시나리오는 연준이 인플레이션과의 싸움에서 대승리를 거둘 때 나타날 수 있는 위험이다.

필자는 연준과 중앙은행들이 인플레이션과 싸우는 동안 자산시장이 스탠딩 웨이브에 빠질 것이라고 예측했다. 그리고 연준이 끓어오르는 인플레이션을 잡는 데 성공하면 실물경제가 안정기에 들어서면서 자산시장에 슈퍼 버블이라는 강력한 파이어네이도 현상이 재발할 수 있다고 내다봤다. 만약 자산시장에 강력한 파이어네이도 현상이 재발하면, 그다음은 파에톤의 추락 같은 '자산시장 대학살'이라는 비극이 벌어질 수 있다.

자산시장에 강력한 파이어네이도 현상이 발생한 후 '자산시장 대학살'이라는 파에톤의 추락 비극이 벌어지는 가상의 시나리오를 만들어보자.

연준은 2022년 3월부터 2023년 3월, 혹은 2023년 9월까
지 1~1.5년 동안 10회 이상 빅스텝으로 움직이며 기준금리를
2~2.5%까지 올린다. 빅스텝과 인정사정없는 긴축 단행으로 미
국의 살인적 인플레이션은 확실하게 잡혔다. 하지만 실물시장
이 급격하게 얼어붙으면서 경제성장률이 정상 궤도를 이탈했다.
2023년, 강력한 기준금리 인상의 역풍으로 미국 경제성장률은
2% 초반까지 추락한다. 연준이 기준금리 재인하라는 긴급 처방
을 내리지 않으면 2024년은 1%대까지 거꾸러질 수도 있다는
우려가 쏟아져 나온다.

최악의 경제참사 우려가 시장을 휘몰아치면서 2024년 대통
령 선거를 앞둔 바이든 행정부의 지지율도 곤두박질친다. 공화
당의 후보로 재선출된 트럼프 전 대통령은 경제참사의 책임을
바이든과 민주당, 그리고 무능한 연준에 돌리면서 막말 폭탄을
날린다. 캐스팅보트를 쥐고 있는 미국 백인 중도층, 러스트벨트,
팜벨트, 오일벨트 노동자들은 바이든과 민주당의 무능한 정치력
에 크게 실망한다.

결국 연준은 경제성장률을 정상 궤도로 회복시키고 무너지
는 시장을 되살리기 위해서 기준금리 인하를 단행한다. 백악관
의 압력이나 트럼프의 인신공격 때문이 아니다. 연준이 보기에
도 긴급처방을 내리지 않으면 곧바로 경기대침체에 빠질 수 있
기 때문이다. 연준은 2024년 대통령 선거가 끝난 후에도 반등하
는 경기를 뒷받침하기 위해 1~2년 더 기준금리 조정을 유지한

다. 덕분에 미국 경제성장률은 정상 궤도에 다시 오른다.

　자산시장 대학살을 불러올 엄청난 추가 버블의 저주, 자산시장 파이어네이도 현상이 시작된다. 그 중심에 제4차 산업혁명기 기대감으로 가득 찬 나스닥이 있고 다른 투자자산도 함께 부풀어 오르면서 슈퍼 버블이 현실화된다.

　경제성장률이 회복되고 모든 자산시장 가격이 부풀어 오르자 인플레이션율도 재상승을 시작한다. 그러자 연준은 기준금리를 다시 올리기 시작했다. 그리고 얼마간의 시간이 지나면서 갑자기 주식, 부동산, 가상화폐, 원자재, 파생상품 등이 한꺼번에 무너지는 전 세계 자산시장 대학살이 발발한다.

　버블의 중심에 있는 나스닥은 70~80% 대폭락한다. 암호화폐 시장은 90% 이상 대폭락한다. 부동산 시장도 한순간에 얼어붙으면서 가격 하락을 시작한다. 수많은 좀비기업이 파산하고 제4차 산업혁명 기대감에만 편승하고 수익을 내지 못한 무늬만 기술기업과 스타트업의 대규모 파산이 일어난다.

　정크본드와 BBB 채권 금리가 무섭게 치솟고 우량채권시장에서도 공포감이 극에 달하면서 신용경색이 발생한다. IMF 분석으로는, 미국 신용시장에서 투자적격등급 하한선인 BBB 기업의 비율이 2008년 말 전체의 31%에서 2019년 9월 말 47%로 증가했다. 같은 기간 BBB 이상 투자적격등급 신용시장도 2조 5천억 달러에서 6조 9천억 달러 규모로 증가했었다.

　IMF는 2021년에는 미국, 중국, 일본, 유로존 등 주요 경제권

8개국의 채무불이행(디폴트) 위험 기업 부채가 19조 달러(약 2경
2,600조 원)까지 늘어난 것으로 추정했다. 다급해진 연준은 정크
본드 무제한 매입 의사를 발표한다. 미국발 경기대침체는 순식
간에 전 세계 주요 선진국으로 확대된다.

　신흥국은 자국의 경제상황과 상관없이 외국자본 탈출이 빨라
지면서 기준금리가 빠르게 인상되고, 외환시장, 금융시장, 주식
시장으로 동시에 위기가 전이된다. 신흥국 중에서 자본 개방도
가 높고 금융시장이 클수록 충격은 배가된다.

　세계은행World Bank 연구에 따르면, (역사적으로 볼 때) 한국처럼
선진국과 개발도상국 중간에 위치한 나라가 큰 금융시장을 가
지고 있을 경우, 한국보다 미국의 금리가 더 높거나 글로벌 금융
시장의 변동성이 커지면 큰 타격을 입는다. 금융시장이 클수록
외국 투자자들이 돈을 넣고 뺄 기회가 많기 때문이다.

　과거 사례를 분석하면, 경기대침체가 발발하면 미국의 경기
위축 기간이 6~18개월 정도 지속되었다. 한국의 경우는 1~3년
정도였다. 하지만 이번 슈퍼 버블 붕괴가 불러온 경기침체기는
과거 평균치의 최장 기간이 되거나 그 이상이다. (참고로, 미국의
스태그플레이션 위기 가능성, 기준금리 인상 기간에 한국 자산시장에서 벌
어질 상황에 대한 자세한 시나리오를 알기 원하는 독자는 필자의 저서《한
국, 위대한 반격의 시간》을 참고하라.)

한국 부동산의
미래

자산시장이 파에톤의 추락이라는 비극적 국면에 빠지면 한국 부동산의 미래는 어떻게 될까? 필자는 한국 부동산 시장의 미래를 2개의 시나리오로 예측한다.

첫 번째 미래는 '파레토 시나리오'다.

일반 균형 이론에 관심이 많았던 이탈리아의 경제학자 겸 사회학자 겸 통계학자였던 파레토(1848~1923)는 이탈리아의 소득분포에 관한 통계조사에서 상위 20% 사람들이 전체 부의 80%를 가지고 있다는 법칙을 유도했다. 일명 파레토 법칙이다. 20/80 법칙 혹은 핵심적인 소수 법칙이라고도 한다.

파레토 법칙에 따라 움직이는 영역은 많다. 바다와 육지 면적 비가 78:22, 사람의 몸에서 수분과 수분을 제외한 기타 비율이 78:22, 개미 집단에서 부지런히 일하는 개미와 그렇지 않은 개미의 비율이 20:80, 공기 속 질소와 기타 요소의 비율이 78:22다. 상위 20% 고객이 매출의 80%를 창출하고 전 세계 국가의 20%가 전 세계 총생산의 80%를 차지한다. 필자는 한국 부동산의 미래에도 파레토 법칙이 작동할 가능성이 있다고 예측한다.

필자가 예측하는 '한국 부동산의 파레토 시나리오'는 자산 대학살 이후 한국 전체 부동산 시장에서 80%는 가격 정상화로 회귀하고 나머지 20%만 상승을 재개하는 시나리오다. 하지만 상승을 재개하는 20% 중에서도 80%는 지난 3차례의 부동산 대폭등 시기 수준의 가격 상승률을 보이기는 어렵다. 물가 상승 수준 정도의 가격 상승 추세를 보일 것이다. 상승을 재개하는 20%를 100으로 잡을 때 20% 정도만 물가상승률을 이기는 가격 상승 추세를 기록할 가능성이 높다.

결국 파레토 시나리오에 따라 한국 부동산 시장의 80%는 가격 정상화로 회귀하고, 16%는 물가상승률 수준의 상승 추세를 따라가고, 4%만 물가상승률을 이기는 수익률을 보일 것이다.

필자의 파레토 시나리오는 전국 단위나 지역 단위 모두 적용할 수 있다. 전국 단위로 적용하면 한국 전체 인구 5,162만 명 중 4%(206만 명)에 드는 지역이다. 강남 3구를 비롯한 서울특별시 일부 구와 수도권의 소수 지역이 된다. 지역 단위로 적용하면 지자체의 4%에 해당한다. 대략 유동인구 밀집지역, 교통 요충지역, 신시가지 등이 여기에 속할 것이다.

파레토 시나리오는 필자가 기존에 발표했던 한국 부동산 시장의 단계별 변화 시나리오의 마지막 단계에 해당한다. 필자는 한국 부동산 시장 변화를 3단계로 나눴다. 1단계는 전국 부동산 이 모두 상승하는 대세 상승장이다. 2단계는 한국 부동산 시장 이 3개 그룹으로 재편되는 시기다. 3단계는 파레토 법칙을 따라 최종 균형점을 찾는 시나리오다.

필자가 자산시장에서 파에톤의 추락 이후 발생 가능한 한국 부동산의 또 다른 미래는 '추격의 한계 시나리오'다.

기준금리 인상 기간에는 가격 상승 속도 억제가 가능하다. 자 산 대학살이 발생하면 일시적으로 부동산 가격이 큰 폭으로 하 락할 수 있다. 하지만 경기대침체를 탈출하기 위해 기준금리 인 하로 돌아서고 경기 회복 신호들이 나오면 부동산 가격은 다시 상승할 수 있다. 부동산 담보대출 금리 인상은 근본적인 대책이 될 수 없다는 말도 다시 힘을 얻는다.

가계대출 관행과 규제정책에 구조적 변화가 없는 한, 한국 부동산 가격은 하락과 상승 패턴이 반복되면서 계속 우상향할 것이라는 주장이 시장을 다시 지배한다. 필자도 동의한다. 특히 제3그룹에서는 충분히 가능한 미래다. 제3그룹은 서울, 경기 등 수도권과 5대 지방 광역시의 신도심 등이다.

하지만 획기적인 가계대출 관행과 규제정책에 구조적 변화가 없어도 시간이 지나면서 부동산 가격 상승 추세를 멈추게 만들 힘이 자연스럽게 작동할 수 있다. 하나는 '소득 감소'라는 힘이 고, 다른 하나는 '부동산 가격 폭등' 그 자체가 역으로 부동산 가 격 상승 추세를 멈추게 하는 힘이 된다.

소득 감소는 주로 지방 부동산 시장에 영향을 미칠 힘이다. 수도권에서 정규직 직장인의 소득은 미래에도 물가상승률을 반영한 수준에서 계속 상승할 가능성이 높다. 하지만 지방은 다르다. 지역 경제를 뒷받침하는 기업이나 산업에 위기가 발생하면 직장인 소득은 하락하고 서비스 산업도 얼어붙는다. 이런 지역은 한국 전체 경기가 회복되는 사이클로 접어들어도 부동산 가격이 회복되지 않는다.

반면 수도권은 자산 대학살 충격을 맞아도 전체 경기가 회복되는 사이클에 접어들면 정규직 직장인 소득 재상승이 시작된다. 서비스 산업도 기지개를 편다. 폭락했던 부동산 가격도 전고점을 회복하고 추가 상승을 한다. 이런 지역에서는 부동산 가격 폭등 그 자체가 부동산 가격 상승 추세를 멈추게 하는 힘이 된다.

자산시장 대학살의 비극적 충격을 극복하고 부동산 가격이 이전 전고점을 돌파해서 소득 상승 속도보다 더 빠른 로켓 상승을 한다고 가정해보자. 어떤 일이 벌어질까?

한국에서 일어난 3차례의 부동산 폭등기는 대략 14~16년 주기로 반복되었다. 7~8년간 폭등기가 시작되어 최고점에 이르고 나머지 7~8년이 하락기와 소강기였다. 이 주기를 그대로 적용하면 2028~2030년경에 제4차 부동산 폭등기가 시작될 수 있다. 지난 3차례의 부동산 가격 폭등기에 주택가격지수 기준으로는 폭등기 직전의 대비 1.5배 이상 상승했고 실제 가격 기준으로는 평균 2~2.5배 이상 상승했다. 2022년 서울 아파트 평균가는 11억 5천만 원이다. 전용면적 135m² 초과(40평 이상) 대형 아파트의 매매 평균가는 24억 원이다. 이 가격 기준으로 2~2.5배 상승하면 제4차 부동산 폭등기에 서울 전체 아파트 평균가는 23~28억 원이다. 대형 아파트의 매매 평균가는 48~60억 원이다.

같은 기간 중산층의 연간 실질소득이 2022년(4,818만 원) 대비 10~15% 정도 상승했다고 가정해보자. 5,300만~5,540만 원 정도다. 중산층의 연간 실질소득이 482만~722만 원 상승할 때 서울 아파트 평균가격은 11억 5천만~16억 5천만 원으로 상승했다. 229~239배 차이다. 48~60억 원까지 상승한 135m² 초과 대형 아파트와는 831~996배 차이다.

2020년 국세청 자료에 따르면 연봉 1억 원 노동자는 전체 노동자의 4.4%(85만 1,906명)다. 제4차 폭등기, 서울 아파트 평균가 23~28억 원은 연봉 1억 원의 직장인이 한 푼도 쓰지 않고 23~28년을 모아야 살 수 있는 가격이다. 이 정도면 연봉 1억 원 노동자도 서울에 30평형 아파트를 구매하는 것이 매우 어려워진다. 강남 3구를 비롯한 서울시 최고 입지 아파트 단지에 진입하는 것은 상위 1%만 가능해진다.

제4차 부동산 폭등기의 로켓 상승 그 자체가 상위 1%를 제외한 99% 노동자가 강남 3구를 비롯한 서울시 최고 입지 아파트 단지에서 추격 매수를 하지 못하도록 거대한 벽을 쌓아버린다. 서울 전 지역에서 추격 매수 의지가 크게 꺾일 수 있다.

가족 전체의 '영혼을 모두 끌어모아' 추격 매수를 해야 하는 위험에 노출된다. 그렇게 매수한 아파트를 누군가가 최소 1.5배, 최대 2배 이상 가격에 사주어야 한다는 압박을 감수해야 하는 것이다. 가격으로 환산하면 46억~56억 원에 이른다. 이 정도의 재력을 가진 한국인은 상위 0.1%의 연봉 7억 7천만 원 이상인 노동자뿐이다. 금융자산이 300억 원 이상인 '초고자산가'는 6,400명(전체 인구의 0.01%)이다. 이렇게 서울의 아파트 가격이 추격 매수 여력을 넘어서는 가격까지 상승하면 그 힘이 부동산 가격 추가 상승을 멈추게 한다.

결국 한국 부동산 폭등기는 (한국 노동자의 소득이 깜짝 놀랄 만큼 급상승하지 않으면) 제4차 폭등기가 이론적으로 마지막이다. 무주택자는 작은 집도 사기 힘들고 유주택자는 장부상 가격만 오르는 상황에 빠진다. 자기가 소유한 작은 집을 팔아서 더 큰 집으로 이사 가는 것이 사실상 어려워진다. 더 큰 집은 가격 상승 폭이(같은 비율 상승만으로도 격차가 벌어짐) 더 커서 살 수 없는 수준에 이르기 때문이다. 일본 도쿄 주민들처럼 작고 장부상으로만 비싼 집에서 죽을 때까지 묶여 살다가 엄청난 세금(양도세나 상속세)을 내고 그 집을 자녀에게 물려줄 수밖에 없으며 자녀도 그 집에 평생 묶여 살아야 한다. 이것이 수도권 집값이 계속 폭등하는 미래를 원하는 사람들을 기다리는 '추격의 한계 시나리오'다.

추락의 밑바닥,
내전

필자는 미국 사회가 극심한 정치적 분열을 거쳐 내전상태로 치닫고 있다고 분석했다. 미국 같은 자본주의 국가, 민주주의 국가에서 내전 수준의 사회적 갈등을 발생시키는 근본적 힘은 부의 불평등, 차별, 이념 극단 대립, 미래 불안 등 다양하다.

하지만 가장 큰 힘은 부의 불균형 분배다. 선진국이라도 소수가 국가 전체의 부의 대부분을 장악하면 국민은 이런 사회를 정당한 사회라고 인정하지 않는다. 국민은 이런 사회를 '약탈사회'라고 규정하고 벌 떼처럼 세차게 일어난다.

역사적으로, 국민이 약탈사회를 참지 못해 들고 일어날 때 현명하고 유능한 정치 지도자가 나타나서 이 문제를 해결하면 사회는 곧바로 안정된다. 하지만 불만과 분노에 찬 국민을 편 갈라서 자기의 정치적 이익에 이용하는 나쁜 정치인이 늘어나면 사회는 내전상태에 빠진다. 파에톤의 추락의 밑바닥이다.

미래 한국에서도 이런 일이 일어나지 않는다고 보장할 수 없

다. 한국도 약탈사회로 가는 문이 열리고 있다는 신호가 계속
나오고 있다. 2021년 현재 한국의 상위 10%의 소득 집중도는
46.5%이고, 하위 50%는 16%다. 상위 1%로 좁히면, 14.7%의
소득 집중도를 보인다. 전체 부로 확대하면 2021년에 상위 10%
가 58.5%를 차지했고. 하위 50%가 차지하는 비율은 5.6%에 불
과했다. 상위 1%로 좁히면, 25.4%의 부의 집중도를 보인다.

한국도 소득 불평등이 심화되고, K자형으로 부의 극단적 양극
화 가능성이 시작되고 있다. 부의 양극화 속도가 빨라지면 중산층
감소 현상도 빨라진다. 감소하는 중산층 일부는 상위층으로 이동
하고 나머지는 서민층으로 전락한다. 대체로 서민층으로 전락하
는 비율이 더 높다. 한국의 중산층은 2015년 전체 인구의 69.5%
로 정점을 찍었고, 코로나19 발생 직전인 2019년에 59.9%까지
줄어들었다. 빈곤층은 같은 기간 12.9%에서 17%로 증가했다.[51]
이것은 정부가 측정하는 중산층 기준에 따른 분류다.

문제는 한국인 대부분이 이 기준에 동의하지 않는다는 것이
다. 통계청이 발표한 '2021년 사회조사'에 따르면, 2021년 월
평균 가구소득이 600만 원 이상인 사람 중 91.1%가 자신을 중
산층 이하라고 인식하고 있었다. 이유는 노동소득과 자산소득
(부동산, 주식 등) 간 격차가 컸기 때문이다.[52] 코로나19 발생 이
후 국내 모 언론사가 자체 조사한 자료에서도, 국민은 평균월급
700만 원, 부동산 및 주식 9억 4천만 원 이상을 보유해야 중산
층이라고 여겼다.[53] 한마디로 정부가 규정하는 한국의 4인 가족

중산층 기준인 월평균소득 256만~768만 원에 속한 사람들 대부분은 자신을 중산층이라고 생각하지 않는다.

정부는 한국 사회의 K자형 불평등(양극화) 확대 속도가 완만하다고 말하지만, 국민은 그렇게 생각하지 않는다. 중산층 중 집을 갖지 못한 이들은 높은 부동산 가격으로 절망에 사로잡혔다. OECD 회원국 중에서 한국의 소득불평등지수는 네 번째, 저임금 노동자 비율은 두 번째로 높다.

1990년대 초반까지 한국은 경제성장률과 임금성장률이 비슷하게 성장했지만 1997년 외환위기 이후 격차가 빠르게 벌어졌다. 2008년 글로벌 금융위기 이후에는 격차가 더욱 심해졌다. 2008~2014년까지 GDP가 24.5% 증가한 반면 실질임금은 4.8%만 증가했다. 매년 비정규직에서 정규직으로 전환되는 비율도 10명 중 1명에 불과하다. 2000~2014년까지 한국 경제는 74%로 성장했지만, 자영업자의 이익은 -18%로 줄었다. 그 결과 외환위기 이후 국민총소득에서 가계소득이 차지하는 비율이 70%에서 60%로 줄었고 기업소득만 17%에서 25%로 증가했다. 2020~2021년 코로나19 팬데믹을 지나면서 이런 추세는 더 악화되었다. 앞으로 자산시장 대학살까지 발생한다면 그 격차는 더욱 늘어날 수 있다.

한국 노동시장에서 양질의 일자리 창출 능력도 급격하게 감소되고 있다. 2012~2017년, 연간 평균 신규 일자리 창출 수는 37만 개였다. 2018~2019년에는 20만 개로 줄었다. 2020년

한 해에만 해외로 빠져나간 제조업 일자리 수가 7만 2천 개다. 2020~2021년 코로나19 팬데믹 동안에는 임시직과 노인 일자리 증가만 두드러졌다.

고용 질의 저하도 계속되고 있다. 2017~2019년, 36시간 이상 전일제 취업자는 59만 명 감소했고, 36시간 미만 파트타임 취업자는 97만 명 증가했다.[54] 정규직과 비정규직 간의 혜택과 권리도 양극화되고 있다. 정규직 간에도 임금 및 승진 기회의 불평등이 심화되고 있다. 한국의 미래를 짊어지고 나가야 할 청년들의 체감 실업률은 20%대에 육박한다. 은퇴 후 40년을 자식의 도움 없이 살아야 할 중년층은 자식 양육과 부모 부양을 책임져야 한다.

2022년 4월, 미국 투자은행 제퍼리스금융그룹이 베이징의 유와인구연구소와 공동 연구한 자료에 따르면, 한국은 1인당 GDP 기준으로 자녀 양육비 부담이 가장 큰 나라다. 2위는 중국이고, 3위는 이탈리아였다. 한국의 자녀 양육비 부담이 전 세계 1위가 된 핵심 요인은 교육비와 보육비 부담이 최고 수준이었기 때문이다. 한국은 미국이나 유럽과 달리 자녀의 학자금 대부분을 부모가 떠안는다. 한국 부모들은 자녀를 18세까지 기르는 데 1인당 GDP의 7.79배(2013년)를 사용한다. 2위인 중국은 GDP 대비 약 6.9배(2019년)를 사용하고, 일본과 미국은 각각 GDP 대비 4.26배(2010년)와 4.11배(2015년)를 지출한다.[55]

그렇다고 부모 부양이나 자식 양육을 포기할 수 없다. 유일한 돌파구는 양질의 일자리다. 하지만 한국 사회에서 비정규직, 하청, 용역 비율이 증가하고, 고용 능력 약화와 고용 불안정성이 높아지는 현상은 전혀 개선되지 않고 있다.

제4차 산업혁명의 영향으로 앞으로 10~15년 정도 일자리 대변동기에 적응하지 못한 이들을 중심으로 대규모 혼란, 상대적 박탈감, 일자리 안정성 급락 등도 발생할 수 있다.

생산가능연령인구는 감소하기 시작했고, 출산율은 OECD 회원국 가운데 꼴찌다. 곧 인구 증가도 멈춘다. 초고령화 속도는 일본을 앞지른다. 2050년, 노인 비율은 전체 인구의 38.1%로, 일본(37.7%)을 제치고 한국은 세계 1위 초고령국가가 된다.

인구 트렌드는 일단 고착화되면 20~30년 정도 영향을 미친다. 저출산, 고령화, 비혼 등으로 2025~2029년에는 민간 소비가 매년 -3.6%씩 하락할 것이란 예측도 나온다.[56] 한국의 은퇴자 대부분은 소득이 은퇴 전보다 50~75% 감소한다.

일본은 1991년 부동산 버블 붕괴 충격을 겪고 난 후, 1992년부터 2011년 아베노믹스 시행 직전까지 1% 미만 경제성장률 기록한 해가 10회나 되었다. 한국도 비슷한 상황에 직면할 개연성이 크다. 한국노동연구원에서는 급속한 고령화를 반영하면 2020년대 10년간 한국의 연평균 성장률은 1.2%로 주저앉고, 2030년대는 -0.4%로 추락해 역성장할 가능성도 제기했다.[57]

이런 미래가 현실이 되면 중산층과 서민층은 자산은 더욱 감소하고 부채 부담은 커지는 상황에 직면한다. 반면 상위 10% 그

룹의 부는 더욱 증가할 것이다. 거대한 경제위기와 제로섬 게임
은 부의 격차를 더 크게 벌린다. K자형 불평등은 심해지고 "이렇
게는 못 살겠다"는 국민 불만은 높아질 수 있다.

한국인의 대표적 3가지 고민인 '돈·일·집' 문제마저 진영 간
의 생사를 건 정치 투쟁의 도구로 변질될 수 있다. 사회갈등과
분열은 가속화되고, 상대를 적으로 규정하면서 내전 발발로 가
는 가속 페달이 강하게 밟힐 수 있다. 물론, 현재 한국 사회는 내
전 수준의 극단적 사회 혼란이나 일본식 장기 침체와 무기력 상
황까지 이르지는 않았다. 하지만 내전 혹은 무기력 사회로 가는
길목에 위치한 약탈사회 조짐은 커져간다.

1990년대생은 국민연금을 받지 못할 수 있다는 불안을 느끼
고, 청년세대는 미래 희망을 잃어가고 있다. 개천에서는 절대 용
이 나오지 못하고, 성공의 사다리 걷어차기에 대한 분노가 끓고
있다. 스탠딩 웨이브 상태다.

안심해서는 안 된다. 다가오는 자산시장 대학살의 충격을 극
복하지 못한 상황에서 K자형 양극화, 급속한 고령화, 무능한 정
치인의 출현 등이 이어지면 노사 갈등, 세대 갈등, 남녀 갈등, 지
역 갈등, 외국인과 내국인의 일자리 갈등, 정치 갈등 등이 한국
사회를 순식간에 내전상태에 빠지게 할 수도 있다.

5

신대항해 시대

New Age of Exploration

15~16세기
대항해 시대

15~16세기, 유럽인들이 혁신적 항해술과 군사기술을 앞세워 세계 문명과 글로벌 패권 시스템에 변혁을 가져온 사건이 있다. 일명, 대항해 시대다. 참고로 필자는 이 책에서 '발견의 시대Age of Discovery'라고도 불리는 대항해 시대가 '침략자이자 가해자'인 유럽인의 시각에서 바라보는 역사관이 투영된 말이기 때문에 비교적 중립적 용어인 '신항로 개척'으로 바꿔야 한다는 것을 논쟁하려는 것이 아니다. 필자는 그 당시에 일어난 사건을 중심으로 변혁의 시대에 무슨 일이 일어나는지를 살펴보고, 이를 바탕으로 앞으로 진행되는 새로운 대항해 시대라고 할 수 있는 제4차 산업혁명기 신시장의 출현과 발전 등을 예측해보려는 것이다.

대항해 시대 혹은 신항로 개척 사건이 발생한 데는 여러 이유가 있다. 그중에서 근본적인 이유는 생존과 국부國富 획득이다. 그 당시에는 '나라 전체의 생존과 경제력'을 향상하려면 새로운 무역로 개척과 그 과정에서 식민지 쟁탈전이 필수였다. 그런 의

미에서 대항해 시대 혹은 신항로 개척 사건은 일종의 패권전쟁이라고 불러도 무방하다. 현대에는 미국과 중국 사이에 패권전쟁이 일어나더라도, 과거처럼 국가 간에 총칼을 앞세워 군사전쟁을 벌이고 전쟁에서 패하면 식민지로 전락하는 일은 거의 일어나지 않는다. 그 대신 산업 혹은 시장에서는 패권의 교체가 주기적으로 일어나고 기술 식민지 혹은 경제 식민지화가 발생한다.

패권전쟁은 국가 생존에 위협을 느끼거나 국부 획득에 절박한 나라가 기존 패권에 대항하거나 새로운 생존의 길을 찾는 과정에서 시작된다. 산업 혹은 시장에서 일어나는 패권의 주기적 교체도 비슷하다. 기존 산업이나 시장이 성숙기에 접어들어 지배자의 위치가 공고해지고 더 이상 시장의 확대가 일어나지 않아서 후발 주자 혹은 신규 주자가 생존의 위협을 느끼거나 부의 획득이 불가능할 경우에 새로운 생존의 항로(혁신적인 비즈니스 모델, 혁신적인 기술 개발 등)를 모색하는 과정에서 시작된다.

그런 도전이 성공하면 (15~16세기 대항해 시대에 지리상 대발견처럼) 산업과 시장의 대발견이 이룩된다. 그래서 필자는 제4차 산업혁명기를 '신대항해 시대New Age of Exploration' 혹은 '신항로 개척의 시대'라고 칭한다.

15~16세기 대항해 시대는 15세기 초중반 엔리케 왕자를 주축으로 한 포르투갈의 대서양 방면 해외 진출로 시작되었다. 바스쿠 다가마를 앞세운 포르투갈은 아프리카 남단을 경유하는

인도 항로를 개척했고 크리스토퍼 콜럼버스를 앞세운 스페인은
유럽-아메리카 항로를 개척했다. 대항해 시대의 정점은 포르투
갈 출신 스페인인 페르디난드 마젤란이 세계일주 항해에 성공
하는 15세기 후반에서 16세기 초반이다.

이런 도전이 이어진 결과 글로벌 무역 시스템에도 대변혁이
일어났다. 기존 동서양 교역에 지배적 시스템이었던 육상무역
통로였던 실크로드와 북유럽 일대에서 해상무역을 독점했던 한
자동맹 시스템의 중요성이 상대적으로 줄고, 대서양을 중심으로
한 해상무역 통로가 영국과 네덜란드가 세운 아시아 무역회사
들이 버블 붕괴로 무너질 때까지 동서양 교역에 새로운 지배 시
스템으로 안착되었다.

이 과정에서 기존 육상무역로 시스템을 지배했던 아랍 국가들
은 동서양 중계무역에서 심각한 타격을 입고 경제발전이 멈췄고,
원유가 그들의 새로운 먹거리가 되기 전까지 그 충격에서 벗어
나지 못했다. (이것이 시스템 변혁기를 읽지 못한 자들의 종말적 결과다.)

대항해 시대는 1497년 이베리아반도 서쪽 끝에 있는 인구
100만 명의 작은 나라 포르투갈의 리스본에서 바스쿠 다가마를
선장으로 한 3척의 배가 출항을 하면서 시작되었다. 당시 포르투
갈은 '포르투갈 백국'이라고 불릴 정도로 매우 작고 약한 나라였
다. '백국'이란 포르투갈을 통치하는 사람의 작위가 겨우 백작에
불과했다는 의미다. 영토도 현재 포르투갈의 절반에 불과했다.
땅조차 척박하여 농작물을 안정적으로 생산할 수도 없었다.

　스페인에 접경해 있는 변방국으로 유럽 최약체 국가였던 포
르투갈은 국가의 생존과 발전을 위해서 모험을 감행해야 했다.
때마침 포르투갈 내에서 벌어진 왕위계승전쟁에서 전통 귀족세
력이 지지한 카스티야가 패하고 상업 부르주아 세력이 후원한
아비스왕조가 권력을 잡는 데 성공했다. 아비스왕조에 속한 엔
리케 왕자는 인구 150만 명의 작은 도시국가에서 해양상업대국
으로 인정받은 베네치아를 모델로 삼았다.

　13~15세기까지 베네치아는 그리스와 터키 등과 무역을 하면
서 유럽과 아시아를 잇는 중개무역으로 유럽의 최고 부자국가,
해양 역량 보유국이었다. 수입 경제 규모는 프랑스의 5배였고,
선박 3,300척에 선원 3만 6천 명을 보유했다.

　베네치아를 부국으로 만든 수입품은 후추라는 향신료였다.
포르투갈은 미래 먹거리를 확보하기 위해 '후추시장 전쟁'에 뛰
어들었다. 후추는 소량으로도 음식의 맛을 바꾸고, 방부제, 약,
방향제 등 다양한 용도로 사용할 수 있는 매력이 있어서 유럽
전역을 열광시켰다. 베네치아는 유럽 향신료 무역의 80%를 독
점했다. '검은색 황금'으로 불릴 만큼 인기였던 후추는 유럽 1등
무역품인 동시에 유럽 부자와 귀족의 힘과 부의 상징이었다. 후
추 한 줌의 가격은 150배까지 폭등해서 돼지 15마리, 사파이어
반지 2개, 말 3마리 가격을 호가했다. 후추는 인도에서 아랍을
거쳐 유럽으로 먼길을 돌아와야 했던 터라 가격이 비쌀 수밖에
없었다.

아시아도 거대한 시장이었다. 1400~1750년까지 중국의 인구는 인도와 유럽을 합친 것보다 많았다. 인도의 인구도 유럽 전체보다 많았다. 인구는 곧 시장의 규모다. 아시아 경제가 최고조에 달했던 1750년에는 세계 경제에서 중국이 차지하는 비율은 33%, 인도는 23%, 유럽은 23%, 기타 21%였다(Angus Maddison). 세계 생산의 70%가 중국과 인도를 중심으로 한 동양에서 이루어졌다.

베네치아 성공을 모델로 삼으려는 포르투갈에는 엄청난 장벽이 하나 있었다. 1453년, 유럽과 아시아를 잇는 통로였던 콘스탄티노플이 이슬람 세력인 오스만제국에 함락되었다. 유럽은 고립되었다. 오스만 세력은 베네치아의 영토였던 크레타섬을 점령하고 이집트의 맘루크왕조까지 무너뜨리면서 유럽 지중해 국가들의 해상무역권을 완전히 봉쇄했다. 심지어 바르바리 해적이 오스만의 지원을 받고 바다에서 활개를 쳤다. 베네치아를 손아귀에 쥔 오스만제국은 오직 베네치아에만 아시아에서 오는 물건을 유럽으로 판매할 수 있는 독점권을 주었다. 하물며 포르투갈은 유럽 서쪽 끝에 있었다. 고립은 더욱 심했다.

포르투갈이 후추시장으로 진출하는 유일한 길은 바닷길 개척뿐이었다. 바닷길 개척도 만만치 않았다. 15세기 초 대항해 시대가 열리기 전까지 유럽인에게는 원양항해 지식이나 기술이 전무했다. 중국과 인도의 존재도 오래된 몇몇 여행기에 전해오는 단편적인 지식뿐이었다. 아메리카는 존재조차 몰랐다.

제4차 산업혁명기 '신대항해 시대' 혹은 '신항로 개척의 시대'의 초반에도 마찬가지다. 미래 기술이나 산업에 대한 지식은 단편적이고, 우리가 예측할 수 있는 시장 변화 규모도 미미한 수준이다. 우리가 전혀 모르는 미래, 엄청난 미래 시장이 숨겨져 있을 것이다.

살아남은
나라들

악조건은 때로 혁신, 도약, 변혁을 일으키는 원동력이 된다. 바
닷길로 아프리카 대륙을 돌아서 인도로 가는 긴 여정 곳곳에 위
험이 도사리고 있었다. 대항해 시대 이전, 유럽은 해안을 따라
이동하는 수준의 연안 항해술밖에 없었다. 이런 방식으로는 아
프리카를 돌아서 머나먼 아시아까지 갈 수 없었다.

과거와는 다른 접근법이 필요했다. 당시 유럽인의 지도에는
먼바다에는 수많은 괴물이 살고 있고, (지구가 둥글다는 것을 이론
적으로는 알고 있었어도) 바다 끝에 거대한 낭떠러지가 있을 수 있
다는 공포가 고스란히 드러나 있다. 우리가 미래에 대해 무지,
공포, 환상을 가지고 있는 것과 같다.

예나 지금이나 다른 방식을 찾아야 했다. 포르투갈의 엔리케
왕자는 태양과 별의 위치를 보면서 바닷길을 건너던 방식을 버
렸다. 1419년, 엔리케 왕자는 남부 사그레스에 세계 각처에서
내로라하는 유능한 탐험가, 기술자, 천문학자, 지리학자 등을 불

러모았다. 새로운 도전과 신시장 개척에는 인재 등용이 필수적
이었다.

　인도 항해를 성공적으로 하려면 정확하게 방위를 측정해야
했으므로 이슬람과 교류를 통해 전래된 나침반, 아스트롤라베,
사분의 등 각종 측정기구를 받아들였고, 이슬람의 원양항해술도
적극적으로 배웠다. 인류 역사에서 아라비아 상인들은 국제무역
의 대명사였다. 사막길을 통과하는 실크로드를 열고 동서양 중
개무역을 장악했다. 하지만 그들에게도 육로무역은 큰 문제와
위험이 따랐다. 험한 사막을 건너는 위험이 늘 있었고 육로 운
송수단인 낙타 한 마리의 하루 수송 능력도 50kg에 불과했으며,
하루 평균 이동거리도 40km였다.

　8세기, 아라비아 상인들은 대규모 상품을 실어 나르고 비용과
위험을 줄이기 위해 계절풍을 타고 인도까지 항해하는 바다 무
역로(해양 실크로드)를 개척했다. 큰 배 한 척은 수백수천 마리의
낙타 몫을 거뜬히 해냈다. 아라비아 상인들은 유향과 커피 등을
싣고 1만 5천km에 달하는 바닷길을 지나 아시아 동쪽 신라까
지 오가면서 차, 향신료, 면화 등을 유럽으로 실어 날랐다.[58]

　포르투갈은 무역풍과 편서풍을 이용하는 새로운 항해법과 각
종 해양 지리도 연구했다. 위도를 알 수 있는 카말kamal과, 돛의
방향을 바꾸기 힘들었던 기존 사각형 돛을 버리고 바람의 방향
에 따라 쉽고 빠르게 돛의 방향을 바꿀 수 있어서 먼바다를 안전
하게 달릴 수 있는 삼각돛 등 각종 혁신적 항해도구를 만들었다.

이런 노력과 투자 덕분에 포르투갈 탐험대는 1434년, 15회 시도만에 아프리카 보자도르곶에 도달하는 데 성공했다. 1460년, 대항해 시대를 열었던 엔리케 왕자는 사망했지만 포르투갈은 신항로 개척 도전을 멈추지 않았다. 그리고 1499년에 포르투갈의 바스쿠 다가마 선단은 아프리카 희망봉을 발견하고, 드디어 인도로 들어가는 발판을 마련했다.

포르투갈은 대항해 시대 첫 번째 승기를 잡았지만 이내 강력한 도전자들이 등장했다. 새로운 시대, 새로운 시장이 열리면 경쟁(전쟁)은 필수다. 최강자 자리도 몇 차례 바뀐다. 하지만 승기를 잡으면 강대국, 부자나라가 된다.

유럽 변방국 포르투갈의 원양항해술에 자극을 받고 때마침 강성해진 오스만제국의 등장으로 스페인을 비롯한 영국, 네덜란드, 프랑스 등 유럽 주요 국가들은 필연적으로 대양으로 나아갈 수밖에 없었다.

필요와 수요가 증가하자 신기술 발전에도 속도가 붙었다. 포르투갈이 2~3개의 삼각돛을 달아 원양항해에 유리하게 만든 캐러벨, '무거운 짐을 나르는 짐배'라는 의미를 가진 포르투갈어 나비스 카리카타Navis Carricata에서 유래한 3~4개 이상의 삼각돛을 장착한 카락 등 본격적인 대양 항해용 선박들이 등장했다. 후에는 갤리온이라는 45개 돛대를 갖추고 포열 1~2열을 구비하여 운행속도, 적재량, 포격전에도 두루 적합한 대형상선과 군함도 등장했다.

포르투갈에 가장 먼저 도전장을 낸 나라는 스페인이었다. 스페인의 지원을 받은 이탈리아 출신 탐험가 콜럼버스는 포르투갈과 정반대 방향으로 신항로 개척을 시도했다. 1492년 10월, 콜럼버스는 산타마리아호, 핀타호, 니냐호 3척에 120명의 선원을 태우고 유럽의 서쪽 항로를 개척했다. 결과는 성공적이었다.

콜럼버스는 아메리카 바하마제도 산살바도르섬을 발견했다. 중국으로 가는 바닷길을 개척하려는 야망이 있었던 콜럼버스는 대서양을 건너 유럽 서쪽으로 5주 동안 5,680km를 항해하면(포르투갈에서 중국까지 실제 거리는 1만 7,075km) 일본, 중국, 인도에 포르투갈보다 먼저 도착할 수 있다고 생각했다.

콜럼버스는 그 계획을 포르투갈 왕실에 먼저 제안했다. 하지만 포르투갈 왕실은 콜럼버스의 의견에 신빙성이 적다는 이유로 후원을 거절한다. 콜롬버스는 자신의 고향인 이탈리아와 영국 등에 투자를 요청했지만, 번번히 실패했다.

1492년 4월, 낙심한 콜럼버스에게 행운이 찾아왔다. 스페인이 이베리아반도 남부에 위치한 그라나다왕국(현재 알람브라궁전이 있는 지역)에 마지막 남아 있던 이슬람 잔여 세력인 무어인을 몰아냈다. 스페인 왕가는 대서양으로 관심을 돌릴 여유가 생겼고 콜럼버스의 제안을 받아들였다.[59] 콜럼버스는 계획을 실행에 옮겼고 아메리카 바하마제도 산살바도르섬을 발견했다. 참고로 콜럼버스는 죽을 때까지 자신이 발견한 대륙이 인도라고 착각했다. 그래서 육지에 상륙해서 만난 이들을 인도인이라고 생각하고 '인디언'이라고 불렀다.

1493년 3월 15일, 스페인은 로마 교황 알렉산드르 6세에게 콜럼버스가 발견한 신대륙 전체(아메리카와 그 서쪽 모든 영토)를 자기 영토로 인정해달라고 요청한다. 포르투갈도 가만히 있지 않았다. 1943년, 교황은 카보베르데제도(당시 프랑스 국왕 소유지)에서 서쪽으로 100레구아(약 480km) 떨어진 지점을 기준으로 경계선을 긋고 서쪽은 스페인, 동쪽은 포르투갈의 권리를 인정하며 분쟁을 조정했다. 일명 토르데시야스 조약이었다.

하지만 이 조약에 양국 모두 만족하지 못했다. 스페인과 포르투갈은 1년간의 협의를 거쳐 카보베르데제도에서 서쪽으로 370레구아(약 1,500km) 떨어진 지점을 새로운 경계선으로 합의했다. 이 경계선으로 포르투갈은 현재 브라질의 동쪽 일부를 세력권에 넣을 수 있었다.[60]

1509년 2월, 포르투갈은 검은색 황금인 후추의 나라 인도와 유럽의 국제무역 독점권을 두고 아랍 세력과 인도 디우 앞바다에서 한판 전쟁을 벌였다. 전쟁은 너무 싱겁게 끝났다. 아랍연합의 갤리선 함대 100여 척은 포르투갈의 카락 함대 18척에 허무하게 무너졌다. 이유는 간단했다. 신기술의 차이였다.

아랍함대를 무너뜨린 포르투갈은 인도와 유럽 간의 후추 무역을 독점하는 데 성공하고 유럽의 변방국가에서 일약 최대 부국이자 강대국으로도 도약했다. 최고 전성기에는 중국의 마카오, 인도의 고아, 남아메리카의 브라질, 아프리카의 앙골라와 모

잠비크 등까지 식민지로 거느릴 정도였다.[61]

　토르데시야스 조약으로 아메리카 대륙을 세력권에 둔 스페인은 1540년 무렵 남미 안데스산맥에서 거대한 은광들을 찾아냈다. 스페인은 아시아와 아메리카를 은을 통해 연결하고 아시아와 유럽을 도자기와 비단으로 연결하는 새로운 국제무역 시스템을 만들었다. 참고로, 스페인은 이런 해상무역로를 통해 획득한 부를 전쟁을 치르면서 모두 탕진했다.[62]

　또 다른 후발 도전자 영국, 네덜란드는 포르투갈과 스페인 양국이 맺은 토르데시야스 조약을 무시해버렸다.[63] 이들 나라는 몇 차례 전쟁을 통해 포르투갈과 스페인이 획득한 식민지 영토와 이권을 빼앗고 해상무역과 거점 확보를 총괄하는 동인도회사까지 설치하여 새로운 승자국으로 도약했다. 하지만 얼마 못 가서 영국과 네덜란드가 신시장을 두고 최후의 승자를 가리는 영란전쟁을 벌였다. 영국은 프랑스와도 아프리카, 남아시아, 북아메리카 등의 이권을 두고 전쟁을 벌였다. 마지막 승자는 영국으로 확정되었고 새로운 해양 무역로의 패권을 거머쥔 영국은 '해가 지지 않는 나라'라는 대영제국의 최전성기를 열었다.[64]

21~22세기
새로운 대항해 시대

500년 전 대항해 시대 초기에는 국왕으로부터 명령과 자금을
받는 대규모 원정이 주를 이루었다. 하지만 시간이 지나면서 개
인 혹은 상인단이 꾸린 중소규모의 탐험대, 정부나 의회의 지원
을 받는 상업조직, 지리학회 Commercial Geography 등이 이끄는 민간
조직이 주역으로 부상했다.

 필자는 제4차 산업혁명기를 새로운 대항해 시대라고 비유했
다. 새로운 대항해 시대 초기에도 국가의 역할이 중요하다. 하지
만 시간이 갈수록 개인, 기업, 민간조직 등의 역할이 중요해질
것이다. 500년 전처럼 곧 첫 번째 승기를 잡는 국가 혹은 기업이
등장할 것이다. 그러나 이내 강력한 도전자가 연속해서 등장할
것이다.

 그리고 새로운 대항해 시대가 점점 속도를 낼수록 모든 분야
에서 역사적인 대변혁이 일어날 것이다. 500년 전 대항해 시대
에도 구대륙과 신대륙 간에 활발한 교역이 일어나면서 양쪽에

서 정치, 경제, 사회, 문화, 민족, 종교 등 모든 분야에 역사적인 대변혁이 일어났다. 심지어 식생활과 인구구조 변화까지 일어났다. 아메리카의 발견으로 유럽(구대륙)에 감자와 옥수수 등 새로운 작물이 보급되어 식생활과 인구 변화에 지대한 영향을 끼쳤으며, 중국과 인도 등에서 도자기, 실크, 차, 향신료 등이 유럽으로 대량 유입되면서 생활 수준과 방식도 달라졌다. 유럽은 신대륙 아메리카에서 광대한 토지를 바탕으로 농산물 대량 재배 방식도 구축했다.

이렇게 감자, 고구마, 초콜릿, 토마토, 담배, 설탕, 고무 등 신대륙의 작물과 원료는 신항로를 따라 전 세계로 뻗어나가면서 각국의 문화와 역사를 바꾸어놓았다. 당시 조선에도 신대륙산 작물인 고추가 유입되어 고추장과 고춧가루로 인한 식문화의 대격변이 일어났다. 이탈리아인이 가장 사랑하는 토마토도 신대륙산 작물이다. 남미에서 발견되어 신항로를 타고 전 세계에 퍼진 고무도 현대 인류 문명에 없어서는 안 되는 원자재가 아닌가!

새로운 대항해 시대가 진행되면서 예상하지 못한 새로운 승리국, 패권국가, 글로벌 기업이 등장할 수도 있다. 20~21세기 초강대국 미국도 신대륙의 발견으로 탄생한 나라였다.[65]

완전히
뒤바뀌는 산업

21세기 초반, 새로운 대항해 시대 초기에 진입하면서 산업 지형에 대변혁이 일어날 것이다. 500년 전에도 그랬듯이 이번에도 승자 산업과 패자 산업이 확 바뀔 것이다. 새로운 시대, 새로운 시장이 열리면 승자 산업에 올라타야 한다. 지금이라도 현재 걷고 있는 익숙한 길을 벗어나서 내가 왔던 길과 전혀 다른 방향으로 나 있는 미래 승자로 가는 길로 여정을 바꿔야 한다.

필자가 예측하는 새로운 대항해 시대 전반부의 승자 산업은 7가지다. 개인용 자율주행 수송장치 산업, 첨단 디스플레이 산업, 인공지능 로봇 산업, 반도체 산업, 인공지능 서비스 산업, 온톨로지 플랫폼 산업, 도시서비스 산업이다. (7가지 미래 승자 산업에 대한 자세한 분석과 예측 시나리오는 필자의 저서 《한국, 위대한 반격의 시간》을 참고하라.)

첫 번째 승자 산업은 '개인용 자율주행 수송장치 산업self-driving transport device industry'이다. 개인용 자율주행 수송장치 산업은 자율주행 전기자동차, 자율주행 선박, 도심항공 모빌리티UAM: Urban Air Mobility, 개인용 비행체PAV: Personal Air Vehicle를 포함한 모든 탈것이 인공지능과 결합되어 하나의 산업으로 묶인 것이다. 스마트폰 산업이 과거의 전화, 컴퓨터, MP3 등 각기 다른 제품들을 하나로 묶어 재탄생된 것과 같다.

모든 탈것이 인공지능과 결합되어 하나의 산업으로 묶였다는 것은 한 기업이 모든 탈것을 만들어내는 생산기반을 구축할 수 있다는 의미다. 미래에는 한 회사가 1인용 지상 탈것부터 하늘을 나는 비행 장치까지 모두 만들게 된다. 현재 애플이나 삼성전자 등 한 회사가 스마트폰, 컴퓨터, 태블릿 PC, 스마트 시계, 스마트 안경 등 다양한 스마트 기기를 만드는 것과 같다. 스마트 기기 간에 하드웨어와 소프트웨어 경계가 모호해졌고 모든 스마트 기기가 근본적으로 동일한 컴퓨팅 장치이기 때문에 가능하다.

개인용 자율주행 수송장치 산업도 동일한 발전 단계를 거칠 개연성이 높다. 개인이 사용하는 모든 탈것이 동일한 컴퓨팅 장치computing device가 되어가면서 혼자 타는 것인지, 4~11명이 타는 것인지, 40~50명이 타는 것인지, 땅 위를 주행하는 것인지, 하늘을 나는 것인지, 물 위를 운행하는 것인지, 땅과 하늘을 동시에 주행 가능한 것인지, 산과 도로를 동시에 주행 가능한 것인지, 소형 수송장치인지 대형 수송장치인지 등만 달라진다.

두 번째 승자 산업은 '첨단 디스플레이 산업'이다. 미래에는

개인용 자율주행 수송장치뿐만 아니라 스마트홈, 스마트빌딩 등
에 지금보다 수십 배 더 많은 디스플레이가 장착될 것이다. 예를
들어, 다양한 개인용 자율주행 수송장치의 내부와 외부 곳곳에
대형 디스플레이가 장착되어 운전자나 탑승객에게 주행에 필요
한 정보를 제공하는 것부터 영화를 보고 게임을 즐기고 메타버
스를 탐험하는 등 다양한 엔터테인먼트를 즐기게 해줄 것이다.

지금도 개인용 자동차의 운전석 앞 대시보드는 디스플레이
보드로 대체되어 과거의 단순한 바늘형 계기반이나 버튼식 라
디오 송수신기 등을 없애버렸다. 그리고 운전자에게 더 많은 정
보를 보여주기 위해 디스플레이 크기가 계속 커지고 있고 더 빠
르게 응답하고 더 좋은 화질을 보여주기 위해 점점 고급형 패널
이 적용되는 추세다. 최근에 삼성이 인수한 전장업체 '하만'은
자동차 운전대가 접히고 메인 디스플레이가 확장되면서 운전자
전면을 꽉 채우는 확장형 디스플레이를 공개했다. 이 거대한 디
스플레이를 통해 운전자는 넷플릭스를 보고 유명 아이돌의 콘
서트를 감상할 수 있다.[66]

미래에는 운전자의 개성을 표현하거나 자동차가 운전자나 탑
승자의 기분과 취향에 맞춰서 디자인을 수시로 변형할 수 있게
개인용 자율주행 수송장치 외부에도 첨단 모니터 패널을 부착
할 가능성이 높다. 그리고 스마트홈 외부나 스마트빌딩 외부에
디스플레이를 설치하여 다양한 정보를 제공하거나 건물주의 취
향에 맞는 디자인을 표현하거나 광고하는 것도 일상이 될 것이

다. 일반 가정에서는 100인치가 넘는 최첨단 고급 모니터 설치
가 일상화되고 인터넷 콘텐츠 소비와 메타버스 탐험을 위해 개
인별로 자신만의 모니터를 구입하는 추세도 증가할 수 있다.

미래의 최첨단 디스플레이는 인간의 눈보다 뛰어난 해상도를
갖게 되고 어떤 형태로든 변형이 가능한 뛰어난 신축성과 유연
성을 갖게 되면서 사용 영역이 건물, 옷, 웨어러블 디바이스, 로
봇까지로도 광범위하게 확장될 것이다.

세 번째 승자 산업은 '인공지능 로봇 산업'이다. 미국 전기전
자공학회의 기술전문잡지 〈스펙트럼〉은 2060~2070년까지 가
장 큰 영향을 미칠 기술로 인공지능과 로봇을 지목했다. 인공지
능 로봇 산업은 2가지 핵심 기술이 결합된 산업이다. 특히 가정
용 인공지능 로봇 산업은 개인용 자율주행 수송장치 산업과 양
대 산맥을 이룰 미래 승자 산업이다.

필자는 개인용 자율주행 수송장치 산업은 글로벌 시가총액
1위 기업이 나올 영역이고 로봇 산업은 단일 산업으로는 가장
많은 제품과 서비스 수, 일자리 수를 창조할 가능성이 높은 후보
라고 예측한다. 개인용 자율주행 수송장치 산업이 제품 하나당
가격이 가장 높은 미래 산업이라면 인공지능 로봇 산업은 가장
넓은 범위를 자랑하는 미래 산업이 될 것이다.

개인용 자율주행수송장치가 인간의 이동방식, 이동공간, 이동
거리 등에 변혁을 일으킨다면 인공지능 로봇은 '제2의 나' 혹은
'내 몸(신체)의 확장'을 일으킬 것이다.

21세기 중반이 되면 거의 모든 가정에서 인공지능 로봇이 인간과 함께 살게 될 것이다. 아이들과 함께 놀아주고, 학습을 도와주고, 집안일을 대신하고, 인간을 보호하고, 회사에서 개인 업무를 도와주고, 공장에서 인간을 대신하여 위험하고 힘든 일을 하고, 노인의 친절한 동반자까지 되어줄 것이다. 심지어 우주 노동자 역할도 할 수 있을 것이다.

각종 기계, 생활 가전, 장난감, 사물에까지 인공지능 로봇 기술이 적용되면 스스로 이동하는 능력을 가진 기계, 가전, 장난감, 사물이 된다. 자동화·효율화Automation 영역도 인공지능 로봇 시장이 된다. 그 결과 21세기 가장 규모가 큰 제조업 영역이 된다. 일자리를 가장 많이 창출하는 산업이 된다.

네 번째 승자 산업은 '반도체 산업'이다. 반도체 산업은 첨단 디스플레이 산업과 더불어 개인용 자율주행 수송장치 산업과 인공지능 로봇 산업의 최고 수혜 산업이 될 것이다. 반도체 산업은 미래 산업의 씨앗이고 새로운 대항해 시대에 경제 및 사회활동 기반을 형성하는 인프라스트럭처infrastructure가 될 것이다. 규모와 종류에서도 현재보다 수십 배 확장될 산업이다.

자율주행 전기자동차, 자율주행 선박, UAM, PAV 등의 개인용 자율주행 수송장치 운행 중에 실시간으로 수집되는 빅데이터를 처리하려면 고도의 인공지능 성능이 필요하다. 수십 개의 코어를 내장한 전용 프로세서는 필수다. 완전 자율주행 수준에 올라서면 차량 한 대당 사용되는 반도체 규모가 현재 최고급 스

마트폰의 1천 배 수준에 이를 수도 있다.[67]

전 세계 인구는 12년마다 10억 명씩 증가하고 있다. 앞으로 중국, 인도, 아프리카에서 도시화가 계속되고, 중산층 규모도 커진다. 이미 존재하는 인공지능, 클라우드, 스마트폰, 컴퓨터, 자동차 영역에서 필요한 반도체 시장 규모도 커진다. 아직 시작도 되지 않은 자율주행 선박, UAM, 공장에서 사용되는 자율 로봇, 휴머노이드, 가정용 반려 로봇 등이 만들어낼 반도체 시장은 규모를 가늠할 수 없을 정도다.

개인용 자율주행 수송장치와 각종 인공지능 로봇이 높은 수준의 자율성을 확보하고 인간과 협력할 수 있는 수준의 지능을 보유하는 과정에서 고성능 연산칩, 메모리 등 반도체와 센서의 역할과 규모가 폭발적으로 늘어날 것이다.

인간이 정보 획득의 70% 이상을 눈에 의존한다면 로봇이나 자율주행 수송장치의 외부 환경 정보 획득은 센서에 절대적으로 의존한다. 센서가 정보 획득의 핵심 역할을 한다면 반도체는 획득된 정보를 저장하고 연산·처리하는 두뇌 역할을 담당한다. 그러니 대량의 반도체가 탑재될 수밖에 없다.

새로운 바다,
가상세계

500년 전 대항해 시대가 현실세계의 바닷길 항로를 개척하는
것이었다면 앞으로 진행되는 새로운 대항해 시대는 잠재력이
무한한 가상세계 속에서 황금 대륙을 찾는 새로운 바닷길 개척
이라고 할 수 있다.

필자가 예측하는 미래 승자 산업의 다섯 번째와 여섯 번째는
새로운 바다라고 불러도 되는 가상세계와 직접 연결된 산업이다.

다섯 번째 승자 산업인 '인공지능 서비스 산업'은 가상세계를
운영하는 데 필수적이다. 반도체 산업이 미래 승자 산업의 하드
웨어 씨앗이라면 인공지능은 소프트웨어 씨앗이다. 인공지능의
성능 향상에는 알고리즘의 발전도 중요하지만 빅데이터 학습이
절대적이다. 학습량이 많을수록 인공지능 성능은 향상된다. 앞
으로 인공지능은 현실세계와 가상세계 양쪽에서 학습에 필요한
빅데이터를 실시간으로 흡수하면서 성장할 것이다.

현실세계에서 빅데이터를 흡수하는 통로는 2가지다. 하나는

IoT(사물인터넷) 환경을 통한 빅데이터 흡수다. 필자는 이것을 인간의 신경망에 비유한다. 이 방식은 이미 시작되었고 시간이 갈수록 신경망 구축이 넓어지고 강력해진다. 신경망처럼 움직이면서 인간이 사는 환경에서 만들어지는 빅데이터를 수집한다. 다른 하나는 개인용 로봇을 통한 빅데이터 흡수다. 필자는 이것을 인간의 몸에 비유한다. 이 방식은 곧 시작될 것이다. 인공지능이 로봇이라는 몸을 장착하는 순간 현실세계에서 인간처럼 상호작용을 통해 사회적 관계를 만들면서 빅데이터를 창조하고 수집하게 된다.

인공지능이 IoT 환경과 로봇이라는 2가지 빅데이터 흡수 통로를 가지면 현실세계에 존재하는 거의 모든 데이터를 수집할 수 있게 된다. 미래 인공지능은 가상세계에서도 빅데이터를 흡수하며 성장할 것이다. IoT 환경이 인공지능의 현실세계 신경망이라면 인터넷은 가상세계 신경망이다. 가상세계에서 활동하는 인간과 상호작용을 하는 인공지능 가상인간(아바타)도 가상세계에서 빅데이터를 흡수하는 통로가 될 것이다. 인공지능의 성능이 강력해지고 활용범위가 넓어질수록 인공지능은 그 자체로 거대한 산업이 될 것이다.

여섯 번째 승자 산업은 '온톨로지 플랫폼 산업'이다. 온톨로지 Ontology의 사전적 의미는 '언어로 표현된 개념 간 연관관계 지식이 드러나는 망', '개념과 개념들의 관계 집합망'을 가리킨다.[68] 컴퓨터 공학에서 온톨로지는 일반인이 토론을 통해 현실세상에 대해 보고 듣고 느끼고 생각하는 것에 합의(통합)를 이룬 개념을 컴퓨터가 다룰 수 있는 명시적 형태로 표현한 모델(개념의 타입, 사용상의 제약조건 등)을 가리킨다.[69]

온톨로지는 일종의 합의되고 통합된 정보 표현망Integrated Information Representation Network이다. 필자는 미래에는 현실세계, 혼합세계, 초월세계(메타버스)의 개념, 존재, 지식, 정보가 하나의 거대한 망network에서 연결, 조합, 소비, 거래, 창조될 것이라고 예측한다. 이를 '온톨로지 플랫폼'이라고 칭한다. 필자가 예측하는 온톨로지 플랫폼 산업은 메타버스보다 상위의 개념이다. 온톨로지 플랫폼은 현실세계, 혼합세계, 메타버스를 하나로 연결하는 거대 플랫폼 개념이기 때문이다. 현실세계는 우리가 사는 실제 세상이다. 메타버스는 현실에는 존재하지 않는 상상의 가상세계를 무한하게 만들어내는 공간이다.

혼합세계는 홀로그램, AR(증강현실), VR(가상현실), MR(혼합현실), XR(확장현실), 로봇이나 가상인간을 이용한 텔레프레즌스(원격현존), 투명 디스플레이가 부착된 건물, 개인용 자율주행 수송장치, 도시나 건물 혹은 공장 등 현실세계의 일부를 그대로 디지털로 복사하여 만든 디지털 트윈 등의 기술이 가상과 현실의 경계를 허물고 만들어진 세상이다. 혼합세계는 현실 위에 가상세계를 중첩시킬 수도 있다. 필자는 이것을 '가상세계의 현실세계 탈출'이라고 부른다.

혼합세계는 가상세계 속에서도 만들어질 수 있다. 메타버스

안에서 현실세계의 일부를 카메라를 통해 호출할 수 있기 때문이다. 혼합세계의 핵심 특징은 원격현존과 원격조정이다. 현실세계에서 여기저기 흩어진 사람들이 거리와 공간의 한계를 넘어 메타버스 한곳에 모인다. 메타버스는 모든 참여자가 가상세계 안에 있다. 반면 혼합세계는 모든 참여자가 가상세계에 있지 않다. 절반은 현실세계에 있고 절반은 가상세계에 있다. 혼합세계라는 새로운 공간의 창출 덕분에 현실세계 안에서 원격수술, 원격근무, 원격회의, 원격수업 등을 할 수 있다. 미래에는 이런 3개의 세계가 하나로 통합되어 거대한 플랫폼을 이루고 인간사에게 일어날 수 있는 모든 활동이 그 위에서 가능해진다.

필자가 예측하는 마지막 승자 산업은 '도시 서비스 산업'이다. 미래 건설산업은 다양한 새로운 도시 및 거주환경 건설에서 미래 기회를 발견할 것이다. 필자가 예측하는 미래 건설산업을 주도하는 중심 주제는 크게 3가지다.

첫째, '환경'을 생각하는 건축과 건설이다. 이는 기후위기를 늦추는 것과 기후위기에 대응하는 것으로 나뉜다. 전자는 친환경 소재를 사용하는 것부터 주택과 도시 안으로 자급자족 친환경 농장을 들여오고 초거대 인공지능으로 에너지 관리를 하고 탄소제로에 도전하는 것까지 다양하다. 후자는 해상도시처럼 기후변화에 따른 해수면 상승에 대응하는 새로운 건축과 건설을 시도하는 행위다.

둘째, 제4차산업혁명기 신기술 혜택을 극대화하는 '최첨단 스마트 장치'를 적용하는 건축과 건설이다. 인간의 삶의 질을 높여 주는 미래 신제품 혹은 신기술을 주택과 빌딩과 연결하여 소비자 만족도를 극대화하는 것이다. 미래에 등장할 개인용 자율주행 수송장치, 인공지능 로봇, 초연결 도시환경, 메타버스와 관계를 주택이나 빌딩을 설계하는 단계부터 연계성과 시너지 극대화를 고려하는 것이다.

필자는 미래산업의 핵심 키워드를 3가지로 본다. 자율, 지능, 영생이다. 이 3가지 키워드가 건축에 접목될 것이다. 자율은 가구와 설비가 자동으로 관리 및 작동되는 집이다. 지능은 집과 빌딩이 초거대 인공지능과 연동되어 사용자의 의도를 알고 인간의 언어로 대화하며 움직이는 집이다. 영생은 건강하게 오래 살게 돕는 집이다.

셋째, 미래 건설 산업을 주도하는 마지막 중심 주제는 '도시 서비스'를 극대화하는 건축이다. 도시 서비스란 도시를 전체 혹은 일부 구역을 책임 설계하고 미래 기술과 환경적 요구에 맞게 건설한 후에 도시 전체를 활용해서 개인이나 기업 대상으로 추가적 부가가치 서비스를 제공하는 산업을 가리킨다. 이 중 핵심은 마지막, 바로 부가가치 서비스 산업이다.

암호화폐가 바꾸는
화폐경제

새로운 대항해 시대에 속속 등장하는 신기술과 변혁적 기술은 승자 산업만 뒤바꾸는 것이 아니다. 산업을 뒷받침하는 화폐경제 시스템의 변혁도 만들어낼 것이다. 새로운 화폐경제의 씨앗은 이미 피어나고 있다. 그 시작은 암호화폐暗號貨幣/cryptocurrency다.

　암호화폐는 P2P Peer-to-Peer 디지털 화폐의 일종으로 네트워크 상에서 블록체인을 기반으로 분산환경에서 거래 정보를 기록하는 고도의 암호화 기술cryptography을 사용하여 거래 안전성을 높인 통화 단위units of currency다. 암호화폐는 블록체인 플랫폼에서 특정 응용 서비스를 위해 발행되기 때문에 '코인coin'이라고도 한다.

　암호화폐를 채굴하려면 수학적으로 복잡한 연산을 풀어야 한다. 블록체인 기술을 기반으로 분산 네트워크 참여자들이 거래 정보를 분산하여 저장·관리하기 때문에 거래 정보의 변조가 매우 어렵다. 이런 장점 때문에 거래할 때 은행과 같은 제3의 신뢰기관을 통한 신분 인증 절차를 거칠 필요가 없어 중앙통제에서 벗어날 수 있다. 또한 거래 당사자의 개인정보를 이용하지 않아도 되어 익명성도 보장된다.[70]

대표적인 암호화폐는 2009년에 출현한 비트코인이다. 비트코인은 1997년 애덤 백이 스팸 메일에 의한 서비스 거부 공격을 방지하기 위해 고안한 해시캐시hashcash를 이용해 개발된 SHA-256Secure Hash Algorithm 256 기반의 작업증명PoW: Proof of Work 방식을 암호화 기술로 사용한다.[71]

암호화폐를 전자화폐의 하나로 본다는 의견도 일부 있지만 기존의 전자화폐electronic money와는 차이가 있다. 전자화폐는 디지털 기술로 화폐 기능을 부여한 체크카드, 신용카드 등으로 '전자금융거래법'을 따르는 모든 것을 가리킨다. 반면 암호화폐 혹은 코인은 전자금융거래법에 정의된 기존 전자화폐의 특성인 현금 교환성이 보장되지 않고 정부도 화폐 가치성을 인정하지 않으며 금융사고 시 지급 보장을 하지 않는다.

암호화폐는 가상화폐virtual currency와도 차이가 있다. 가상화폐는 게임머니, 쇼핑몰 포인트 등이 속한다. 가상화폐는 개발자와 발행자가 동일한 경우가 대부분이다. 하지만 암호화폐는 개발자가 발행에 관여하지 않고 가상공간이 아닌 현실에서도 통용된다는 점에서 가상화폐와 차이가 있다.

정리하면, 디지털 화폐가 디지털 형태의 모든 화폐나 자산을 아우르는 최상위 개념이고, 암호화폐, 전자화폐, 가상화폐는 하위 개념으로 서로 특성과 법적 지위가 다르다.

최근에는 암호화폐를 공식적으로 법정화폐나 대체화폐의 범
주에 넣을 수 없기 때문에 가상자산virtual asset으로 분류하는 경
향도 있다. 가상자산이란 컴퓨터 등에 정보 형태로 남아 실물
없이 사이버상으로만 거래되는 자산의 일종이다. 한국 정부도
2021년 3월부터 개정된 '특정금융정보법'에서 암호화폐를 '가
상자산'이라고 규정하고, 그 뜻을 '경제적 가치를 지닌 것으로
서 전자적으로 거래 또는 이전될 수 있는 전자적 증표'라고 명
시했다.[72]

필자는 신대항해 시대에 새로운 화폐경제의 씨앗으로 암호화
폐를 주목했다. 하지만 필자는 현재 존재하는 1세대 암호화폐가
새로운 화폐경제 시스템의 지배자가 되지는 못할 것으로 예측
한다. 암호화폐가 미래에 새로운 화폐경제 시스템의 주역이 되
려면 추가적인 발전단계를 거쳐야 하기 때문이다. 그래서 현존
하는 암호화폐를 1세대 암호화폐라고 통칭한다.

필자가 예측하는 암호화폐 발전은 4단계 정도다. 이 단계를
거쳐서 최종적으로 새로운 화폐경제 시스템의 변혁을 이룰 것
이라고 내다본다.

화폐 시스템
변혁의 4단계

제1단계는 비트코인, 이더리움 등 1세대 암호화폐 발행이 시작된 단계다.

제2단계는 1세대 암호화폐가 투자시장에서 각종 파생상품으로 발전하고 동시에 1세대 암호화폐 규제 움직임이 시작되는 단계다. 필자는 현재가 이 단계에 있다고 분석한다.

제2단계는 암호화폐 거래소 개설 및 유지, 암호화폐 채굴, 암호화폐 공개 등에 대한 규제가 시작되는 '규제 과도기 국면'이다. 국제적 최종 합의안이 마련되지 못하기 때문에 국가마다 규제의 범위나 강도, 속도와 적용 시기가 다르다. 1세대 암호화폐가 대체화폐 혹은 투자상품으로 어느 수준까지 운용이 가능한지 기준이 없어서 규제도 후행할 수밖에 없다. 이 단계에서는 1세대 암호화폐를 기반으로 한 파생상품 개발과 규제 움직임이 동시에 일어나면서 암호화폐 시장의 성장과 합법화에 대한 기대가 높아진다. 이런 이유로 신규 암호화폐 발행 속도가 엄청나게 빨라진다.

제3단계는 미국과 유럽 주요 선진국 중앙은행에서 본격적으로 디지털 법정화폐CBDC: Central Bank Digital Currency 발행을 완료하고 글로벌 규제 최종 합의안이 마련된다. 필자는 제3단계를 암호화폐 시장의 발전의 분기점으로 예측한다. 특히 중국, 미국, 유럽, 일본 중앙은행이 CBDC 발행을 완료하는 시점이 핵심 분기점이다.

CBDC는 실험이기 때문에 제1기축통화 국가인 미국(달러), 제2기축통화 국가인 유럽(유로), 일본(엔화)의 움직임이 중요하다. 기축통화 국가들이 CBDC를 어떻게 만들 것이며, 어디까지 권한을 부여하며, CBDC 발행 이후에 현재 존재하는 종이돈 법정화폐를 동시에 유지할 것인지 등에 대한 최종 기준을 확정하면 전 세계 나머지 국가들이 이 기준을 따르게 될 것이다.

CBDC의 지위와 사용 범위 등에 대한 결정이 어떻게 내려지느냐에 따라 중앙은행과 상업은행의 역할도 달라진다. 화폐의 보관 및 거래 방식도 바뀐다. 중앙은행과 상업은행의 역할, 국가 간 통화 거래, 화폐의 보관 및 거래 방식, 디지털 기축통화 등에 대한 결정이 완료되면, 그에 따라 기존 화폐 시스템에도 대변혁이 일어난다.

1996년, 미국 재무부는 CBDC를 만드는 문제를 놓고 심각하게 고심했다. 미국의 법정화폐를 현재의 종이화폐(은행권)에서 CBDC로 바꿀 경우, 금융 시스템 전반에 발생할 충격과 대변혁의 가능성 때문이었다.

기존의 종이돈 법정화폐 발행을 중단하고 새로 발행한 CBDC만을 유일한 법정화폐로 사용하면, 금융 시스템 전체가 중앙은행으로 초집중되는 구조가 만들어질 수 있어 이 문제를 피하려면 새로운 금융 시스템을 만들어야 한다. 미국 내는 물론이고 미국이 주도하는 글로벌 금융 시스템인 SWIFT까지 모두 뜯어고쳐야 한다.

현재 미국은 달러의 제1기축통화국 지위를 이용해서 국가 대 국가 간의 결제 플랫폼 SWIFT를 장악하고 있다. 미국은 이런 상황을 유지하고 싶어 하지만 이런 시스템을 무너뜨리고 싶어 하는 두 나라가 있다. 바로 중국과 러시아다.

2022년 현재 SWIFT를 통한 국제 금융거래에서 달러와 위안화의 비율은 38.3% 대 2.4%로 달러가 압도적이다. 세계 각국의 외환 보유액 기준으로도 달러 59%, 위안화 2.3%다. 중국 입장에서는 SWIFT를 벗어나고 싶은 열망이 간절하다. 러시아가 우크라이나를 침공했을 때, 미국이 가한 제재 중에서 SWIFT에서의 러시아 퇴출이 가장 뼈아팠다. 어찌 되든 중국과 러시아는 미국이 주도하는 국제금융 시스템에서 벗어나고 싶어 한다.

하지만 쉽지 않다. 만약 아무런 대책 없이 SWIFT를 벗어나려고 한다면 치명상을 입는다. 미국이 회계 불투명을 빌미로 중국기업을 미국 거래소에서 퇴출시키듯, 중국이나 러시아 금융사를 SWIFT에서 퇴출시키면 중국이나 러시아 은행들은 국제금융

시장 거래와 참여가 불가능해진다. 중국이나 러시아에는 전세를 뒤집을 수 있는 획기적인 반전 카드가 필요하다.

중국이 선택할 수 있는 방법은 2가지다. 하나는 중국 위안화가 중심이 되는 새로운 플랫폼(금융결제 시스템)을 만드는 것이다. 현재 중국은 러시아, 이란 등과 실제로 이 방안을 논의 중이다. 다른 하나는 디지털 위안화를 만들어 기존 암호화폐 시장에서 거래하도록 허용하면 미국이 주도하는 금융결제 시스템을 거치지 않고 위안화를 전 세계에 유통할 수 있다. 실제로 중국은 디지털 위안화의 사용 국가를 확대하면서 SWIFT와는 다른 새로운 국제결제 플랫폼도 만들고 있다.

중국의 움직임과 야욕이 분명하기 때문에 미국도 CBDC 발행을 늦출 수 없다. 2022년 3월, 바이든 대통령은 CBDC 발행에 대한 구체적인 준비를 권고하는 행정명령에 서명했다. 미국의 중앙은행을 비롯하여 주요 선진국 중앙은행들이 종이화폐를 폐기하고 CBDC만 발행하면, 무슨 일이 벌어질지 간략하게 살펴보자.

첫째, 종이돈을 찍어내는 재무부 산하 조폐공사가 사라진다. 둘째, 기존 상업 은행의 여수신 업무가 사라진다. 암호화폐가 네트워크상에서 블록체인을 기반으로 분산환경에서 거래정보를 기록하는 고도의 암호화 기술을 사용하여 거래 안전성을 높였기 때문에, 고객 입장에서는 은행에 돈을 보관할 필요가 없어진다. 블록체인 기술과 양자컴퓨터 같은 강력한 슈퍼컴퓨팅 기술로 보안성이 획기적으로 개선된 인터넷 네트워크(전자 지갑)에 돈을 보관하면 된다. 상업은행에 아무도 돈을 보관하지 않으면 상업은행은 고객 예치금을 밑천으로 신용대출을 발생시키는 여수신 업무 기능을 잃는다. 상업은행의 종말이다.

'중앙은행-상업은행-예금 고객'이라는 3단계 구조가 붕괴되고 '중앙은행-예금 고객'으로 단순화되는 새로운 금융구조가 만들어지면 상업은행이 담당했던 요구불예금要求拂預金/demand deposit을 기반으로 장기 대출을 해주는 '만기전환 기능'이라는 사회적 공공제를 중앙은행이 직접 담당하는 시스템으로 바뀐다.

상업은행이 살아남을 수 있는 2가지 방법이 있다. 하나는 투자은행으로 변신하는 것이다. 다른 하나는 중앙은행에서 CBDC 발행권한을 위임받는 것이다. 이럴 경우 중앙은행과 상업은행의 역할이 모호해지는 문제가 발생한다. 중앙은행이 CBDC의 발행 시점과 활용범위와 방법을 정하면 민간 암호화폐 시장을 어디까지 규제, 허락할 것인지에 대한 최종 결정도 확정된다.

암호화폐 시장의 발행, 거래, 교환 등의 모든 방식도 지금과 달라진다. 새로운 금융거래 및 투자 방식도 만들어진다. 각종 디지털 화폐가 발행 국가를 벗어나 전 세계 모든 시장에서 거래와 투자가 가능해진다. 각기 다른 법정화폐가 외환시장에서 거래되는 것처럼 각기 다른 새로운 글로벌 디지털 화폐의 거래와 투자가 동시에 가능한, 새로운 외환거래 및 외환투자 시장이 출현하는 미래다. 이 시장이 메타버스 안에 개설될 수도 있다.

제4단계는 새로운 글로벌 규제안 아래서 2세대 암호화폐 발행이 시작되는 단계다. 이 단계에 이르면 1세대 암호화폐 중에서 글로벌 규제를 통과하지 못해 사라지는 것과 살아남더라도 글로벌 규제를 통과하면서 가상자산 시장에서 투자 매력이 현저히 감소하여 급격한 가격 하락을 맞는 암호화폐로 나눠질 것이다. 명실상부 암호화폐가 가상자산 시장에서 완벽하게 자리를 잡고 안정적이며 동시에 장기간 생존할 수 있는 시기는 이때부터다.

제4단계에서는 디지털 화폐 간의 우위와 가치 순위를 정하는 대전쟁이 시작된다. 비트코인, 이더리움 등 현재 존재하는 1세대 암호화폐, NFT, 신용카드나 현금충전카드 등 기존 전자화폐, 게임머니나 도토리 등 기존 가상화폐, 앞으로 등장할 메타버스 서비스에서 0과 1의 디지털화된 가상화폐, 빅테크 기업, 거대 유통 기업, 자동차 기업, 통신 기업 등이 블록체인 기술을 적용해서 발행하는 (기존 채권과 구별되는) 새로운 디지털 채권, 현재 기업에서 자체적으로 발행하는 상품권, 마일리지, 캐시백 등의 대체 화폐도 디지털 화폐로 전환되어 새롭게 발행되어 전쟁에 참여한다.

그뿐만 아니다. 각국 정부가 발행하는 CBDC, 기업들이 현금과 일대일로 전환한 각종 페이pay, 여러 통화를 섞어서 만드는 스테이블 코인, 달러 등 기존 법정화폐나 금·은 등 원자재와 일대일 혹은 원자재 하나 대 일정한 무게로 고정된 스테이블 코인,

수백만 팔로워를 거느리는 유명 인플루언서가 블록체인 기술로
만든 개인 암호화폐까지도 디지털 화폐전쟁에 참전한다.

6

—

생존학습
Survival Learning

매일이
일자리 전쟁

일자리 불안감은 어제오늘의 일이 아니다. 특히 코로나19 이후 상황은 예사롭지 않으며, 한국의 일자리 경쟁은 더욱 치열해질 것이다. 이러한 경쟁은 세대를 불문하고 벌어질 것이다. 이뿐만이 아니다. 당장도 문제인데 최소 60년 이상 일해야만 먹고살 수 있는 100세 시대 공포가 몰려오면서 미래의 일자리에 대한 두려움마저 함께 커질 것이다. "매일이 일자리 전쟁이다"라는 말을 실감하게 될 것이다. 한국의 경제는 5~10년에 걸쳐 불안한 국면을 통과해야 한다.

한국 경제를 불안하게 만드는 요인은 크게 2가지다. 하나는 기존 산업의 지속적인 수출 경쟁력 하락이고, 다른 하나는 다가오는 경기대침체다.

필자는 몇년 전부터 한국 경제, 특히 수출 경쟁력 하락에 대해 경고해왔다. 필자의 분석으로는 한국 기존 산업의 수출 경쟁력은 이미 '잃어버린 10년'이라는 정체기 혹은 쇠퇴기 초반에 진입했다. 2022년 4월 11일, 일본 경제학자 마카베 아키오 호세이 대학교 교수는 경제매체 〈겐다이 비즈니스〉에 게재한 칼럼에서 한국 경제가 '트리플 펀치'의 난관에 직면하게 될 것이라고 전망했다. 그는 이러한 전망의 근거로 부존자원의 빈약을 예로 들었다. 코로나19 팬데믹과 러시아와 우크라이나 전쟁으로 전 세계가 높은 인플레이션에 시달리면 한국, 일본, 터키 등 부존자원이 빈약하고 수입에 의존하는 국가의 경제상황은 고통 속으로 빠져든다는 분석이었다.

특히 한국의 경우는 원화 가치 하락, 무역적자, 격차 확대 등 '트리플 펀치'의 위기에 빠질 수 있다고 경고했다. 이러한 그의 주장은 몇년 전 필자가 한국 경제의 미래 위기를 예측한 내용과 일치한다. 2022년 3월, 한국의 무역수지는 1억 4천만 달러 적자를 기록했다. 반면 반도체 등의 호조로 수출액은 역대 최대치를 기록했다. 하지만 석유, 가스 등 에너지 가격이 치솟으면서 수입액도 역대 최대치를 기록해 무역수지 전체는 적자를 기록했다.

엔데믹 시대를 맞아 당분간 한국의 수입물가는 상승 기조를 유지할 개연성이 높다. 미국이 기준금리를 빠른 속도로 높이면 신흥국에서는 자본 이탈이 지속되기 때문에 원화 가치 약세 추세도 쉽게 꺾이지 않을 가능성이 높다. 원화 약세는 수출에는 도움이 되지만 수입에는 악영향을 미친다. 수입물가 상승을 부추기기 때문이다. 수입물가가 높으면 국내 물가도 덩달아 높아진다. 물가는 높은 수준을 유지하는데 월급은 늘지 않고 좋은 일자

리는 줄어드는 상황이 상당 기간 지속될 가능성이 높다. 물가의
상승 압력을 억제하고 외국자본 이탈로 인한 외환시장 변동성
증가를 방어하기 위해 한국은행이 기준금리 추가 인상을 단행
하면 막대한 수준까지 치솟은 가계부채 부담이 커진다.

이런 모든 변화는 한국 내 경제 격차를 더욱 벌어지게 하는
요인으로 작동한다. 체감경기가 악화되면 젊은이와 노인을 중
심으로 일자리 및 소득 환경 불안도 커진다.[73] 이런 상황에서 전
세계 경기대침체로 자산시장 대학살이 벌어지면 한국의 일자리
경쟁은 더욱 치열해질 것이다.

그러나 이렇듯 불안한 국면을 통과하고 나면 미래 승자 산업
을 완전히 뒤바꾸는 힘이 기다리고 있다. 필자는 코로나19 팬데
믹으로 인공지능, 자율주행차, 로봇 등 미래 산업이 보편화되는
시대가 한층 더 빨리 도래할 것이라고 예측했다. 미래 기술은 우
리 곁에 이미 와 있다. 이러한 미래 기술은 환상적인 경험과 라
이프스타일을 우리에게 약속하지만 동시에 일자리 불안과 경쟁
심화도 가져온다.

필자는 인간이 인공지능의 일자리 습격에 속절없이 무너지지
는 않을 것으로 예측한다. 인간은 창의적 도전을 즐기는 존재로,
이는 인간에게 강력한 대응력을 부여해 수천 년 동안 그 어떤
생명체보다 뛰어난 생존 본능을 발휘해왔다. 하지만 그 과정에
서 기계와 인간 사이의 처절한 일자리 전쟁은 피할 수 없을 것
으로 예측한다.

일자리 전쟁의 가속화를 불러오는 또 다른 요인으로는 일자리의 대규모 이동을 들 수 있다. 필자는 미래 직업 대변화 키워드를 언급할 때 '이동'이라는 단어를 종종 사용한다. 미래 일자리의 총규모는 성장하지만 모든 지역에서 동일하게 일어나지는 않는다. 일자리 수가 증가하는 지역이 '이동'한다. 증가하는 업종도 '이동'한다. 먼 미래로 가면 일자리가 증가하는 장소가 현실에서 가상으로 대이동하는 놀라운 사태도 발생한다.

필자는 가상혁명을 3단계로 예측한 바 있다. 제1차 가상혁명은 현실만 존재하던 시대에서 컴퓨터와 인터넷의 출현으로 가상세계가 만들어지는 단계다. 제2차 가상혁명은 가상과 현실의 경계가 파괴되는 단계다. 제3차 가상혁명은 뇌 안에 가상세계를 직접 연결하는 기술이 상용화되기 시작하면서 일어나는 단계로 가상과 현실이 하나로 통합되는 단계다.

이런 가상혁명의 발전단계마다 직업과 일자리의 변화가 일어난다. 제1차 가상혁명기에는 인터넷을 매개로 새로운 직업이 만들어진다. 가상과 현실의 일자리가 공존한다. 제2차 가상혁명기에는 가상이 현실을 지배하면서 현실의 일자리가 위협을 받는다. 마지막 3단계 가상혁명기가 되면 가상세계에서 새로운 직업과 일자리가 폭발한다. 지금은 상상하지도 못하는 직업과 일자리 규모가 가상공간에서 만들어진다.

일자리 대이동은 좋은 직업의 종류를 변화시킨다. 시대를 주도하는 기술이 바뀌면 일자리의 희비가 엇갈리기 마련이다. 신

기술과 신시장은 부가가치를 갖는 제품과 서비스를 바꾸고, 이것
은 다시 좋은 직업이나 좋은 회사를 판단하는 기준을 바꾼다. 신
기술은 일하는 방식도 변화시킨다. 예를 들어, 미래에는 함께 일
하는 동료가 변화된다.

동료의 변화는 2가지 측면에서 일어난다.

하나는 인공지능, 인공지능로봇, 사물과 일하는 변화다. 인공
지능이 시대를 주도하는 기술이 되자 인간은 플랫폼 안에서 작
동하는 인공지능의 지시를 받는 상황에 빠졌다. 대표적인 현상
이 '긱 노동자'의 등장이다. 2021년 12월 말 현재 '배달의민족'
의 일반인 배달기사 '배민커넥트' 수는 5만 명까지 증가했다.
2019년 1만 명에 비해 5배 늘어났다. 2021년 11월, 고용노동부
의 발표에 따르면 국내 플랫폼 종사자 규모는 220만 명으로 전
체 취업자의 8.5%에 이른다. 플랫폼 종사자 중 47.2%는 본업
으로 한다. 플랫폼 종사자 증가는 전 세계적 트렌드다. 2021년
2월 국제노동기구ILO의 발표에 따르면, 지난 10년 사이에 웹 기
반 플랫폼 노동은 3배, 음식 배달 등 지역 기반 노동은 10배 이상
증가한 것으로 추정되었다.[74]

다른 하나는 전 세계 사람과 24시간 함께 일하는 변화다. 일
하는 도구도 변화된다. 바로 인공지능과 인공지능 로봇이다. 자
율주행자동차도 일종의 인공지능 로봇이다. 지능을 발휘해야 하
는 곳에서는 인공지능, 근력을 사용해야 하는 곳에서는 인공지
능로봇과 함께 일하는 현상이 흔해질 것이다. 물건을 만들어야

하는 곳에서는 3D 프린터를 비롯한 디지털 제조도구를 사용해 일을 하게 된다.

미래에는 도구의 혁명적 변화로 사무행정과 제조가 혼합된 환경에서 일하게 될 것이다. 일하는 장소도 변화된다. 개인 디바이스가 혁명적으로 발전하고, 6G와 7G 모바일 통신기술이 실시간 정보 전송 시대를 연다. 수많은 협업 툴, 가상혁명 가속화 등으로 집 안에서 일하거나 혹은 세계를 여행하면서 일을 하는 시대가 열리면서 지구상의 모든 위치가 일하는 장소로 변한다. 원격 일터, 경계가 없는 협업, 원격 노동자, 전 세계에 흩어져 분산된 팀의 형태는 머지않은 미래의 모습이다. 강력한 협업과 빠르고 유연한 팀 조직의 변경성 등은 미래 일터의 한 주류를 차지할 것이다. 최근의 한 연구 결과에 따르면, 2028년까지 회사 부서의 73%가 원격 노동의 형태를 띠게 될 것이라는 예측도 있다.[75]

일하는 목적도 변화될 것이다. 미래에는 생존을 넘어 '의미'를 창출하기 위한 행위로 노동을 대하는 문화가 생길 수도 있다. 노동을 최소한의 의식주 확보를 위한 수단으로 대하는 태도에서 벗어나 자신이 가고자 하는 길과 자기가 추구하는 목적을 따라 행할 수 있는 탐색의 여정으로 인식할 수도 있다. 이런 흐름이 하나의 트렌드로 자리 잡으면 원하는 시간에, 원하는 장소에서, 원하는 만큼, 원하는 조건으로, 원하는 사람을 위해 일하는 자유를 선호하는 개인이 늘어날 것이다.

인공지능과의
경쟁

일자리나 직업을 둘러싼 주변 환경이 급격하게 변화되기 시작
하면 직종의 대이동뿐만 아니라 현존하는 직업job이나 일work 중
에서 일부가 '없어지는' 일자리 소멸도 동시에 일어난다. 예를
들어, 인공지능과 로봇 등의 기술이 발달하면 스포츠 경기 결과
를 요약한다든지 과거의 판례를 찾아낸다든지 하는 단순한 지
적 노동은 인공지능이 대신하게 될 것이다.

현재 IBM의 인공지능 '왓슨'은 1분에 100만 쪽의 의학 논문
을 학습할 수 있고, 영국 법률스타트업 LEXOO의 인공지능 법
률자문 서비스는 인간 변호사보다 2천 배나 빠른 처리 속도로
자료를 검색하고 고소장을 작성하고 승소 확률까지 예측한다.

일정 수준 이상 축적된 데이터, 사례, 전문지식을 읽어내고 이
를 바탕으로 성공 패턴을 추출할 수 있는 일은 인공지능의 영역
이다. 낮은 수준 혹은 평균 수준만으로도 충분한 지적 결과물의
영역에서도 인공지능의 대체가 활발하게 일어날 것이다. 유튜브

는 음성자동인식LARS 기술을 활용해 자막을 실시간으로 전환한다. 이러한 기술은 인공지능 알고리즘이 영어 대화를 다른 나라 언어로 실시간으로 전환함으로써 가능한 것이다. 평이한 통역을 인공지능이 담당하는 시대는 이미 시작되었다.

인간의 감정이나 영적 활동 영역도 안심할 수 없다. 현재 기술 수준에서도 종교 지도자를 얼마든지 인공지능 로봇으로 대신할 수 있다. 단순 육체노동의 경우도 마찬가지다. 인공지능 로봇은 물건을 들어 올린다거나, 자동차 공장에서 능수능란하게 용접을 한다든가, 또는 식당에서 커피를 내려주거나 피자를 굽고 음식을 주문받고 식탁까지 날라 주는 일 등 인간이 하는 단순노동을 대신할 수 있다.

인건비를 줄이거나 맛이나 서비스 수준을 표준화할 수 있는 영역의 경우는 일자리 소멸 속도가 더욱 빨라질 것이다. 앞으로 자동화 기계, IoT, 인공지능, 자율 로봇 등이 어우러진 자동화 시스템이 빠르게 확산하면 인간을 필요치 않는 무인 영역은 그에 맞춰 빠르게 확장될 것이다. 미래에 인간을 필요치 않는 직업을 예측할 때 약사, 자동차 운전기사, 교통경찰, 집배원, 제품 판매원, 시장조사 분석가, 재무관리사, 보험사, 경리, 비서, 가사 도우미, 배달원, 통번역가, 교사, 기자, 경비원, 계산대 점원, 미화원 등은 자주 등장한다.

2013년, 영국 옥스퍼드대학교의 칼 베네딕트 프레이 교수와 마이클 오스본 교수는 미국 내 702개 직종에 대해 수학적 알고리즘이나 기계적 자동화 추세에 노출되는 위험도를 평가했다. 이 평가에 실린 논문("The Future of Employment: How Susceptible are Jobs to Computerization?")에 따르면 2010년에 존재했던 미국 내 일자리 중에서 47%가 사라질 위험에 처한다. 같은 분석 방법으로 한국의 고용정보원도 한국 내 고용시장의 미래를 예측한 "기술변화에 따른 일자리 영향 연구"(2016)를 내놓았다. 연구에 따르면 2025년이 되면 2016년 일자리 기준으로 71%(대략 1740만 명)가 자동화로 대체될 위험군이다.[76] 2016년 1월, '제4차 산업혁명'을 주제로 열린 제46차 세계경제포럼WEF(다보스포럼)에서는 인공지능, 로봇공학, IoT, 자율주행차, 3D 프린팅, 바이오 기술 등 미래 신기술로 전 세계에서 710만 개의 인간 일자리가 5년 이내에 사라질 것이라고 전망했다.[77]

구글이 선정한 최고의 미래학자인 토머스 프레이 박사는 2030년까지 20억 개의 일자리가 사라질 수 있다고 예측했다. 일본의 노무라연구소에서도 자국의 600개 직업 중에서 49%가 인공지능과 로봇으로 대체될 것이라는 예측을 내놓았다. 2019년, 영국 BBC는 수학적 알고리즘으로 없어질 수 있는 직업 7가지를 소개했다. 놀라지 말라. 바로 의사, 변호사, 건축가, 회계사, 전투기 조종사, 경찰, 부동산 중개인이다. BBC는 이들의 공통점으로 "반복적이고 예측 가능한 업무"를 꼽았다.[78]

먼 미래가 되면, 인공지능 자율 로봇은 과거에 인간이 했던 단순한 지적 노동(계산, 기억, 검색, 분류, 외삽, 예측 등)과 정형화된 신

체적 조작 노동을 넘어서는 일도 하게 될 것이다. 아이러니하게
도, 노동자의 인권을 강조하는 흐름도 인간과 로봇 간의 일자리
경쟁을 치열하게 만드는 원인 중 하나로 작용한다. 물류·배송
업처럼 노동집약형 산업은 높은 노동 강도와 창고시설의 화재
나 부상에 따른 경영상 위험 요소를 가지고 있다.

2021년 택배노동자과로사대책위원회(대책위)가 발표한 자료
에 따르면, 2020년 한 해에만 16명의 택배 노동자가 과로사로
사망했다. 대책위는 신속한 배송을 위해 하루 만에 물품 정리·포
장·배송 준비 작업을 마치고자 심야 및 새벽 근무 강도가 늘어
나는 노동환경을 과로사의 원인으로 지목했다. 미국도 마찬가지
다. 미국 내에서만 약 37만 명을 고용하고 있는 아마존도 강도
높은 노동환경 문제로 지속적인 비판을 받고 있다.

물류·배송 회사 입장에서 이런 문제를 근본적으로 해결하는
방법은 IT와 로보틱스 기술을 공격적으로 도입하는 것이다. 영
국의 식료품 전문 이커머스 업체인 오카도는 IT와 인공지능 기
술을 활용하여 이커머스와 로봇 물류센터 개발을 동시에 진행
하는 회사로 유명하다. 오카도의 로봇 물류센터의 CFC(중앙유통
센터Central Fulfilment Center)에서는 (사람 대신) 작은 박스형 로봇 수
백 개가 정사각형 모양의 레일 위를 이동하며 배송품목을 정리
한다. 인간 노동자는 로봇이 가져온 배송품을 박스 안에 담은 뒤
주문자에게 배달하는 역할만 맡는다. 아마존도 선반에서 물건
을 내려주는 로봇인 '어니'와 '버트'를 배치하여 인간과 로봇이

함께 일하는 환경을 만들어가고 있다. 로봇이 인간 노동자의 역
할을 완전히 대체하는 시대가 되기까지는 오랜 시간이 걸리겠
지만, 로봇이 '저렴한 노동인력'이 되어 인간 노동자의 일자리를
줄이는 시대는 이미 시작되었다.[79]

　미래 한국의 노동시장의 변화를 이끄는 힘은 이외에도 더 있
다. 3대 인구구조 변화, 미·중 패권전쟁, 부동산 시장 패러다임
변화다. 한국은 저출산, 고령화, 평균수명 연장이라는 3가지 인
구구조 변화에 직면해 있다. 이러한 변화는 중장기적으로 노동
시장 대위기를 만들어내는 방향으로 작동할 가능성이 크다.

　미·중 패권전쟁은 승자와 패자에 상관없이 글로벌 시장구조
의 변화를 만들 것이다. 한국 내 부동산 시장 패러다임 변화도
한국 노동시장에서 중요한 힘이 될 것이다. 건물(주택이나 빌딩)
은 단일 품목으로는 가장 큰 파급력을 가진다. 부동산은 돈의 막
대한 흐름(금융 및 투자시장)을 만든다. 부동산은 수많은 건설 자
재의 생산과 유통, 건설 관련 직업과 일자리는 물론이고 집 안의
전기전자 제품과 인터넷을 비롯한 각종 생활 서비스에 이르기
까지 무려 200여 종의 상품과 서비스에 영향을 미친다. 이런 힘
을 가진 부동산 시장이 패러다임 변화를 맞는다면 한국 사회의
일자리와 직업의 미래에 강력한 변화가 일어날 것이다.

성인 교육시장의
만개

이런 미래 변화를 반영하듯 성인 교육시장의 큰 흐름도 바뀌고 있다. 교육대상이 기업에서 개인으로, 직장인에서 주부와 은퇴자, 노인으로까지 확대되고 있다. 교육방식도 오프라인에서 온라인과 모바일로, 아날로그에서 디지털로 바뀌고 있다. 성인 학습자가 교육을 받는 목적도 달라지고 있다. 이제는 만학도의 꿈을 이루거나 은퇴 후에 여유 있게 취미생활을 하기 위해 학습하지 않는다. 생존을 위해 학습한다. 일명 '생존학습survival learning' 이다.

성인이 생존학습에 매달릴 수밖에 없는 이유가 있다. 일자리 전쟁이 시작되었기 때문이다. 그다음으로 100~120세 생존 시대가 되면서 일해야 하는 기간도 함께 늘어났기 때문이다. 최소한 80~90세까지는 스스로 일을 해서 먹고살아야 한다. 현재 MZ세대라고 불리는 젊은이들은 죽을 때까지 일해야 할지도 모른다.[80]

조기 퇴직과 취업난도 계속된다. 2022년 5월에 실시된 미국의 프리랜서 플랫폼 업워크의 설문조사에 따르면, 미국의 회사원 중 20%(약 1천만 명) 정도가 프리랜서 작업을 고려 중이다. 직접적인 이유는 코로나19 팬데믹의 여파이지만 직업 환경이 빠르게 변하는 것도 드러나지 않은 이유다.[81]

그다음으로는 시대가 빠르게 변하면서 실용지식의 수명이 짧아졌기 때문이다. 실용지식의 유용성은 대략 4~5년 정도로 추정된다. 즉 노동자가 직장이나 시장에서 자신의 현재 지위를 그대로 유지하려면 최소 5년마다 새로운 실용지식을 습득해야 한다. 앞으로는 자신의 재능, 기술, 지식을 가지고 죽을 때까지 경쟁해야 하는 시대가 열린다는 의미다.

기업이나 공동체보다 개인의 삶과 활동을 더 중요하게 여기는 세태도 또 하나의 이유다. 자기계발, 자기만족과 성장을 위한 학습 열풍이 커지고 있다. 하나의 일이나 한 직장에만 의존하는 문화가 바뀐 것도 이유다. 일명, '부캐' 문화다. MZ세대라고 불리는 젊은 세대들은 기성세대와는 다르게 본업 외에 여러 가지 경제활동을 하는 문화가 일상적이다. 한마디로 본업만 고집하면 재미없고 고리타분하다는 인식이 강하다. MZ세대는 1980년대 중반부터 2000년대 초반에 출생한 이들로 2019년 현재 1,700만 명 정도 된다. 한국 전체 인구의 34% 수준이다. 이들에게는 자신의 욕구에 따라서 투잡, 쓰리잡, 나아가서 N잡을 가지는 것이 자연스럽다.

2020년 10월, 취업포털 잡코리아가 알바몬과 함께 남녀 직장인 1,600명을 대상으로 '직장인 N잡러 인식과 현황'에 대해 설문한 조사를 살펴보면, 30대 직장인 34.6%가 '내 직업은 최소 2개다'라고 응답했다. 일명 'N잡러' 문화의 일상화다. 40대 직장인 중 29.4%, 20대는 25.7%, 50대 이상에서도 24.7%가 자신을 'N잡러'라고 응답했다.

'본업 이외에 어떤 일을 하고 있는가?'를 묻는 질문(복수응답)에 매장 관리나 판매 서비스, 카페알바, 학원강사, 대리운전 등의 '오프라인 아르바이트'를 하고 있다는 응답률이 37.7%로 가장 많았다. 그다음으로는 28.5%가 블로거 활동, 콘텐츠 제작, 디자인, 홈페이지 관리 등의 '온라인 아르바이트'를 하고 있다고 했고, '블로그나 SNS 등을 통한 세포마켓'(13.4%)을 운영하거나 '오프라인 창업'(10.3%)이라고 응답한 직장인도 있었다. '향후 N잡러가 더 늘어날 것인가?'라는 질문에는 89.7%가 '그렇다'고 응답했다. 특히, MZ세대인 20대는 91.4%, 30대는 90.2%가 그렇다고 응답했다.

'N잡러가 더 늘어날 것이라 예상하는 가장 큰 이유는 무엇인가?'라는 질문에는 '평균수명이 길어지고 있어 정년 없는 일자리에 대한 관심이 높아지고 있기 때문이다'라는 응답이 26.4%로 가장 높았다. '생계를 위한 돈벌이보다 즐기면서 할 수 있는 일(직업)을 찾는 이들이 많아지고 있기 때문이다'라는 응답도 23.8%로 높았다.[82]

MZ세대 사이에는 '패시브인컴passive income'이라는 문화도 퍼
져간다. 패시브인컴이란 적극적으로 일을 하지 않고도 온라인에
서 수입이 계속 들어오게 만드는 시스템이다. 이러한 추세는 노
동소득의 한계를 극복하기 위한 목적, 혹은 회사를 다니고 잠을
자는 동안에도 꾸준한 부수입을 만들어 경제적 자유를 이루는
시간을 앞당기고자 하는 목적에 따른 것이다. 패시브인컴을 위
해 각종 포털에서 제공하는 스마트스토어, SNS나 유튜브 광고,
주식이나 코인 투자, 이모티콘 제작, 전자책 판매, 쿠팡파트너스
같은 제휴 마케팅 등을 활용한다.[83]

N잡러 문화는 고소득 직장인에게서도 나타난다. 일본의 경우
'기획·마케팅'을 부업으로 삼고 있는 고소득 직장인이 19.6%에
달한다. '경영고문'이나 '컨설팅'을 부업으로 삼고 있는 고소득
연봉자도 17.4%에 이른다.[84]

이런 현상은 평균수명 증가에 따른 노동시간 증가 압력과 자
기계발과 자기만족이 복합적으로 작용하기 시작했다는 것을 알
려주는 중요한 신호들이다.

신부족사회를 이끄는
MZ세대

'빌라선샤인Villasunshine'에는 특별한 부족이 산다. '뉴먼Newomen 족'이다. New와 Women의 합성어로 '적극적'이고 '실패를 통해 배우고', '두려움이 없고', '외롭지 않은' 밀레니얼 세대 (1981~1996년 출생)의 '일하는 여성'이라는 특징을 가지고 있다. '뉴먼족'이 되려면 다음과 같은 자격조건을 충족해야 한다. 자신의 일과 삶을 스스로 기획하고 내 영향력을 바르게 인식하는 사람, 미래를 조금 먼저 사는 사람, 자신의 경험을 정리하고 나누며 동료의 참조점이 되는 사람, 그동안 '여성의 영역이 아니다'라고 일컬어지던 영역에 관심을 가지고 있는 사람. 이런 뉴먼족이 모여서 고민을 나누고 서로 배우는 곳이 '빌라선샤인'이다. 여기서 중요한 지점은 '서로에게 배운다'이다. 이들은 다른 종족들의 성공 방식보다 동족의 문제해결 방식을 중요하게 생각한다. '롤모델'을 찾기보다 동족들의 고민과 경험을 공유하고 그를 통해 함께 성장하기를 원한다. '일하는 나에게 필요한 포트폴리오', '작은 조직에서 행사를 기록하는 법' 등 자신의 경험을 나누기도 하고 '나만의 유튜브 성장공식 찾기', '조식처럼 가볍게 주식' 같은 모임을 제안해 함께 답을 찾아나서기도 한다. 이들의 연대는 끈끈하지 않지만 단단하다. 각자의 사생활은 모르지만 일로는 언제든 연결되고 협업이 가능하다. 이들은 서로를 '일터 밖 동료'라고 부른다. 이들을 이끄는 뉴먼족장은 홍진아 대표이다. 홍 대표는 글로벌 비영리조직, 공공기관, 스타트업을 거치면서 남자 직원들은 의사결정 권자의 위치로 올라가는 것에 비해 여자 선배들은 어느 순간 사라진다는 것을 깨달았다. '나의 미래도 마찬가지일까. 지속 가능하게 일을 하려면 어떻게 해야 할까.' 고민 끝에 홍 대표가 찾은 결론은 혼자서 유리천장을 깰 것이 아니라 함께 운동장의 기울기를 변화시켜야 한다는 것이었다. '우리가 서로 선배가 되자'는 생각으로 만든 것이 일하는 여성들의 커뮤니티 서비스 '빌라선샤인'이다.[85]

 기사의 핵심 내용은 MZ세대가 개인주의를 벗어나 새로운 부족 시대를 열고 있다는 것이다. 기사에서는 뉴먼족 이외에도 놀이족, 플렉스족, 애슬레저족, 운동족, 취미족 등 한국 사회 곳곳에서 탄생하고 있는 새로운 부족들을 소개한다.
 성산포가 한눈에 보이는 '플레이스 캠프 제주'는 좀 놀 줄 아는 사람은 꼭 가봐야 하는 '놀이족'의 성지라고 한다. 이곳의 건물은 학교를 닮아 있고 객실은 작은 규모로 있는 것이라고는 노출 콘크리트 벽에 철제 프레임 침대뿐이다. 냉장고도 TV도 없다. 하지만 '놀이족'에게는 기꺼이 불편을 감수하면서 찾아볼 만한 핫플레이스로 유명하다.

왜일까? 기성세대의 눈에는 감옥 같아 보이는 작은 호텔이지만 MZ세대에게는 문화를 즐기는 오프라인 플랫폼이기 때문이다. 코로나19 팬데믹 이전, 이곳에서는 영화, 공연, 전시, 토크 콘서트가 이어지고 맥주 페스티벌, 자전거 페스티벌, 플리마켓이 열렸다. 요가, 커피, 쿠킹 등 원데이 클래스도 활발했고, 제주 지역의 업체와 연계해 액티비티를 즐길 수도 있었다. 당연히, 좀 놀 줄 아는 사람은 꼭 가봐야 하는 성지가 될 수밖에 없었다.

기사에서는 이 외에도 돈 자랑을 뜻하는 '플렉스'를 일종의 놀이로 만드는 '플렉스족', 넷플릭스 영화를 함께 보고 영화에 대한 대화를 나누거나 영화 속 장면을 따라해보는 '넷플연가족', 운동족들을 연결해주는 '버핏서울'이라는 플랫폼 등 다양한 신부족사회들을 소개한다.

이런 현상을 추적한 기자는 신부족사회 트렌드는 전통적인 공동체가 해결해주지 못하는 문제를 신세대들이 스스로 찾아나서는 현상이라고 분석했다.

교육시장의
경계 파괴

생존학습이 새로운 트렌드로 자리 잡고 새로운 인생관을 가진 MZ세대의 영향력이 커지자 자연스럽게 성인 교육시장도 커지고 있다. 성인 교육시장의 성장은 연령, 대상, 커리큘럼, 국경 등 교육시장 전반에서 경계 파괴를 일으키고 있다. 특히, 한국의 경우 저출산의 충격으로 미성년자 교육시장이 성장의 한계에 도달하면서 경계 파괴 속도가 빨라지고 있다.

참고로 국내 미성년자 교육시장은 연간 20조 원대로 추정된다. 이에 반해 국내 성인 교육시장 규모는 2조 원, 기업 교육시장은 3~4조 원, 에듀테크 시장 규모는 4~5조 원으로 추정된다.

앞으로 미성년자 교육시장은 성장이 정체되는 반면 성인 교육시장은 매우 빠른 속도로 성장을 이어갈 것으로 보인다. 2021년에 발표된 '2020년 국가평생교육통계'에 따르면 2020년 국내 평생교육 프로그램 학습자는 2019년보다 약 49.2% 증가했고 온라인 학습자는 65.7% 늘어났다.[86]

교육시장의 경계 파괴 실례를 몇 가지 살펴보자. 유아, 초중등
학생 방문학습으로 유명한 웅진씽크빅은 '유데미' 한국판을 출
범시키고 성인 교육시장에 뛰어들었다. 영어, 중국어, 일어 등
어학에서 시작한 야나두는 주식, 부동산 재테크, 창업, 부업, 영
상 기획 및 제작, 문서 작업, 커뮤니케이션 스킬, 브랜딩, 기획서
작성 등 각종 실무역량 및 커리어 향상을 위한 강좌까지 성인교
육 커리큘럼을 확장했다. 공무원 시험 준비로 유명한 에듀윌은
성인 교육에 인공지능과 클라우드 기술을 기반으로 한 에듀테
크 시스템을 도입했다. 에듀테크 기업 에이럭스는 노인부터 취
업과 창업을 준비하는 성인을 대상으로 인공지능, 코딩, 로봇 등
다양한 디지털 교육 커리큘럼을 제공한다.[87]

김미경 대표가 만든 온라인대학 MKYU는 그동안 성인 교육
시장에서 소외되었던 3050 여성, 시니어 여성을 중심으로 빠른
성장세를 보인다. 그동안 가정이나 육아 등으로 자기계발에서
소외되었고 경력 단절 상태에 놓인 여성과 100세 시대를 맞아
자녀를 출가시킨 이후에도 새로운 40~50년의 인생 2막을 살고
자 하는 액티브 시니어Active Senior(건강하고 활동적인 중장년) 여성
에게 스몰 비즈니스 창업, 디지털 리터러시 능력 향상, 미래 트
렌드 습득, 재테크, 기타 자기계발 등 다양한 분야의 강의를 제
공한다. MKYU는 기업과 연계해 강의를 우수하게 수료한 수강
생에게 일자리를 연결해주는 서비스도 제공한다.

에스티유니타스는 온라인 어학 및 공무원 시험으로 시작했지

만 미용학원 뷰티르샤(MBC아카데미뷰티스쿨)와 인터넷서점 리브
로를 인수하고, 유초중고 교육, 대학생 취업, 직업 커리어까지 비
즈니스 영역을 확대했고, 지식 플랫폼 '커넥츠'와 인공지능 교육
서비스 '스텔라'를 론칭하면서 에듀테크 기업으로 변신 중이다.

　인기 유튜버 크리에이터를 전면에 내세우면서 부동산, 주식
투자 등 금융 관련 콘텐츠에서 빠른 성장세를 보이는 클래스
101은 드로잉, 공예 등 취미 콘텐츠에서 출발해 자기계발과 커
리어, 키즈 분야로까지 콘텐츠 확장에 성공했다. 클래스101은
누적 크리에이터 10만 명, 누적 회원수 350만 명을 넘겼고
2021년에는 300억 원 규모의 시리즈B 투자 유치에도 성공했다.

　2021년에 매출 1천억 원을 달성한 성인교육회사 데이원컴퍼
니는 직장인 대상 실무교육 이용자가 작년 동기 대비 2배 이상
(108%) 늘었다. 부동산·금융 분야와 디자인 분야의 거래 고객
수 증가율도 각각 250%, 120% 증가했다. 프로그래밍 분야 수강
생도 1만 5천 명에서 2만 3천 명으로 8천 명가량 늘었다. 헤어,
베이킹, 일러스트, 만화·웹툰 등 전문가 강연도 전년 동기 대비
3배가량 방문자 수가 증가했다.[88]

　전통적으로 교육시장은 국가 간, 언어 간 경계가 컸다. 하지만
이런 장벽도 무너지고 있다. 이런 변화는 한국 교육기업에 위기
보다는 새로운 기회를 가져다줄 가능성이 크다.

　필자는 K-교육을 미래의 수출 효자 서비스업 중 하나로 꼽는
다. K-교육의 장점 중 하나는 '1타 강사'로 불리는 최고 강사들

이 보유한 학습 노하우다. 세계화 덕택으로 자국어나 자국 역사를 제외하면 전 세계 학생들이 배우는 교과목 내용과 수준이 대동소이해졌다. 학생들은 누구나 학습 내용과 노하우, 시험을 잘 치르는 기술 등을 배우기 원한다. 가상세계 플랫폼이 글로벌화되는 것도 최고 강사들의 학습 노하우를 전 세계에 수출할 기회를 만들어준다.

SK텔레콤이 운영하는 메타버스 플랫폼 '이프랜드' 안에서는 인플루언서들이 재테크 강좌, 역사 및 문화 강좌, 운동 강좌, 건강 강좌, 여행 강좌, 독서 클럽 등을 속속 선보이고 있다. 인기 있는 강좌에는 수백 명이 모이기도 한다.

미국 뉴욕주에 거주하는 28세 여성 캣 노턴은 코로나19 팬데믹 기간에 자기만의 좋은 아이디어들이 담긴 엑셀 교육영상을 틱톡에 올려 2년 동안 100만 달러(약 12억 원)의 수익을 올렸다. 2020년 6월, 첫 영상이 틱톡에 올라왔다. 네 번째 영상을 올린 뒤 며칠 만에 조회 수가 10만 건을 돌파했다. 여섯 번째 영상을 업로드했을 때는 유명 IT 회사 CEO에게서 자신의 회사를 위한 전문 엑셀 교육영상을 만들어달라는 제의도 받았다.

예상외의 반응에 캣 노턴은 퇴사하고 틱톡에 엑셀 교육영상을 올리는 데 전념했다. 현재 그녀는 전 세계에서 70만 명의 구독자를 보유하고 있고, 엑셀 강좌는 44달러에서 997달러 사이에 판매되고 있다.[89] 놀라운 것은 언어의 경계가 완전히 파괴되지 않은 현시점에서도 가상세계에서 만들어진 플랫폼을 이용해

이러한 성과를 올렸다는 점이다.

인공지능 기술을 활용한 아이디어만으로 글로벌 교육 서비스 시장에서 두각을 나타낼 수도 있다. 교육이 가장 늦게 변화한다는 말은 옛말이다. 선진국 교육시장은 인공지능과 빅데이터 과학이 시장을 점령하고 가상현실, 홀로그램 등 각종 미래 신기술이 가장 광범위하고 빠르게 적용되는 빅테크 영역이 된 지 오래다.

구글, MS, 애플, 페이스북, 네이버, KT, SK텔레콤, LG유플러스 등 글로벌 빅테크 기업과 통신사들도 자사 인공지능을 적극 활용하여 교육 플랫폼에 뛰어들고 있다. 메타(페이스북)가 만든 인공지능 챗봇 '너디파이 봇Nerdify Bot'은 수학과 과학에서 완벽에 가까운 채팅 응답률을 보인다.

글로벌 빅테크 기업과 세계적인 기업가들이 교육 서비스 시장에 관심을 가지는 데는 몇 가지 이유가 있다.

첫째, 교육시장은 황금알을 낳는 거위다. 시장조사업체 홀론IQ는 2025년 전 세계 교육시장 규모가 7조 8천억 달러에 이를 것으로 추정한다.[90] 에듀테크 시장은 매년 25~30%씩 성장한다. 초등학생 대상 비대면 교육시장도 연간 12~25%씩 성장한다.[91]

둘째, 사람이 아닌 기술 기반으로 시장 진입이 가능해졌다.

셋째, (이것이 가장 중요한 이유일지도 모른다.) 현재 빠르게 성장 중인 에듀테크 스타트업들이 언젠가는 강력한 플랫폼 기업으로 성장하여 빅테크 기업을 위협하는 위치에 오를지도 모른다는 위기감이다. 전 세계 GDP 80%를 차지하는 선진국에서는 생존학습 시대가 열렸다. 지속적인 수입을 얻으려면 무언가를 계속 배워야 한다.

교육 대상이 전 연령층으로 확대되어 이용자가 폭발적으로 증가하면 이 시장을 장악하는 기업은 강력한 플랫폼 기업이 될 기반을 마련할 수 있다. 그 힘을 가지고 쇼핑에서부터 게임이나 디지털 화폐에 이르기까지 거의 모든 미래 시장에 진입할 기회도 얻게 된다. 교육 서비스 산업의 규모도 커지지만 그 자체도 글로벌 시장 파괴자가 될 수 있는 발판으로 작용할 수 있다.

혁신 스타트업의
질주

생존학습 시장은 빅테크 기업에는 물론이고 수많은 혁신 스타
트업에도 가장 빠른 성장세를 보이는 황금의 땅 엘도라도다. 황
금의 땅을 향해 가장 앞서 달려가고 있는 국가는 미국, 영국, 중
국이다.

  미국 스타트업 스터디풀은 빅데이터와 인공지능 기술을 이용
해서 실시간으로 수학, 회계, 글쓰기 등에서 학생이 어려워하는
문제의 해결을 도와주는 서비스를 제공한다. 드림박스러닝은 미
국 내 1,500만 명 회원을 확보하고 인공지능과 게임을 결합하여
수학 학습 서비스를 제공한다. 2019년 한 해에만 미국에서 에
듀테크 분야에 투자된 금액은 16억 6천만 달러 규모다. 2009년,
미국의 오프라인 교육시장은 전체 교육시장의 77%를 차지했다.
2019년에는 오프라인 교육시장이 32%로 줄었다. 마이크로 러
닝, 이러닝, 버추얼 클래스룸, 인공지능 앱 등 에듀테크 서비스
가 빠르게 시장을 잠식했기 때문이다.[92] 영국은 에듀테크 혁신

기업이 1천 개가 넘는다. 중국은 전 세계 에듀테크 유니콘 기업 절반을 보유하고 있고, 투자액 면에서도 세계 1위다.[93]

미국 애리조나주립대는 2016년부터 인공지능과 빅데이터 기술을 활용한 적응학습adaptive learning 기술로 6만 5천 명의 학생에게 수학, 생물학, 물리, 경제학 등 기초과목을 학습시킨다. 기초수학의 경우, 수학을 포기한 학생들의 평균 성적이 28% 향상했고, 생물학에서는 과목 탈락률을 20%에서 1.5%로 줄였으며, 미시경제학 C학점 미만의 비율을 38%에서 11%로 감소시키는 성과를 냈다.

미래에는 인공지능과 토론하며 인류의 난제를 함께 풀면서 인간은 다양한 상상력을 발휘할 수 있게 된다.

황금의 땅을 향한 한국 기업의 추격 속도도 빨라졌다. 국내 스타트업 매스프레소가 딥러닝 인공지능 기술로 개발한 수학 문제풀이 '콴다' 앱 서비스는 한국, 베트남, 일본, 인도네시아, 태국 등 글로벌 시장에서 한 달 사용자가 500만 명을 넘을 정도로 빠르게 성장 중이다. 뤼이드라는 국내 스타트업이 만든 인공지능 기술 기반 앱 '산타토익'도 누적 다운로드 50만 회를 돌파해 수백억 원의 투자를 받을 정도로 급성장하고 있다. 마블러스라는 에듀테크 스타트업은 인공지능 기반 음성인식과 가상현실 기술을 결합한 영어 교육 서비스를 출시했다. 인공지능과 가상현실이 결합되면 학습자가 마치 뉴욕의 한 가게에서 미국인 점원과 영어로 실제 대화하는 듯한 환경을 만들어내 몰입감이 높아

진다.[94]

청소년 어학 에듀테크 선두주자인 청담러닝도 지난 10년 동안 모은 청소년들의 말(발화)을 빅데이터로 만들어 교육용 인공지능 서비스를 만들었다. 청소년들 사이에서 주로 사용하는 단어나 문장, 자주 틀리는 문장이나 대화 데이터를 인공지능이 학습하여 고성능 STT(음성을 문자로 옮기는 기술Speech to Text) 기술과 결합하면, 챗봇에서 인공지능이 나누는 대화가 또래들의 대화처럼 상당히 자연스럽게 이루어진다. 이런 기술이 얼굴인식, 홍채 추적(아이트래킹) 기술과 결합하면 학생의 태도 및 학습률을 강사에게 알리는 시스템을 만들어낼 수 있다.[95]

이런 시스템에 가상인간 기술이 결합하는 미래도 생각해볼 수 있다. 미국의 명문 공대인 조지아공과대학교는 IBM 왓슨의 기능을 활용한 인공지능 조교 '질 왓슨Jill Watson'을 개발했다. 매년 질 왓슨은 온라인 교과과정에서 학생들의 질문 1만 건 이상에 자동 응답한다.

한국에서는 아이스크림에듀라는 회사가 매일 1,500만 건씩 쌓이는 학습정보(요일별 학습 과목, 시간, 학습 수행률 등)를 학습한 '인공지능 생활기록부' 서비스를 제공한다. 인도의 한 에듀테크 스타트업은 영국의 한 대학과 협업하여 온라인 수업 10만 시간 분량의 동영상으로 딥러닝 인공지능에 교사 훈련을 하고 있다.

7

—

3무

三無

부적응의 결과,
무기력, 무관심, 무의미

OECD 회원국 중에서 한국은 경제와 사회 환경에서 불안, 경쟁, 갈등이 심한 나라다. 이런 상황에서 급속한 변혁이 일어나는 동시에 국내외 곳곳에서 교착상태가 심화되고, 내 삶에 영향을 미치는 경제금융 환경은 스탠딩 웨이브를 거쳐 파에톤의 추락을 겪는 롤러코스터 같은 상황이 되며, 주력 산업이 확 바뀌면서 생존학습이라는 압박이 심해진다.

이런 환경변화에 모든 사람이 빠르게 적응하는 것은 불가능하다. 반드시 부작용이나 부적응이 나타난다. 바로 무기력, 무관심, 무의미라는 '3무' 추세다. 3무 추세는 크게는 극심한 변동성과 미래 불안, 과도한 경쟁이 만들어낸 부작용이고, 작게는 생존학습 추세의 역트렌드일 수 있다. 필자는 OECD 회원국 중 한국에서 3무 추세가 두드러지게 나타날 가능성이 높다고 예측한다.

무기력은 '스스로 상황을 통제할 수 없다'라는 생각이 커질 때 발생하는 현상이다. 현재 한국인 상당수는 계층 간의 갈등 심화,

경제적 불균형 악화, 미래 일자리 불안의 증가에 짓눌려 있다. 미래에도 이런 문제가 해소될 가능성은 높지 않다.

무기력이 깊어지고 단단해질수록 자신의 미래와 주변 상황을 스스로 통제할 수 있는 힘과 기회가 줄어든다는 자괴감에 빠진다. 무기력의 대표적 증상은 자발적으로 행동하지 않는 것, '나는 뭘 해도 안 돼'라는 부정적인 인지 형성, 피로감, 타인과 교류 감소 및 고립, 조급함과 과민반응 등이다.

필자는 이미 한국 사회 곳곳에서 이런 증상이 터져 나오고 있다고 분석한다. 공정의 상실, 개천에서 용이 날 수 없다는 말, 사다리 걷어차기 등의 표현은 젊은이들의 좌절감과 자포자기를 상징한다. 세대 간의 갈등과 분노를 해결하지 못하는 현실, '묻지마 폭력' 증가 등이 이미 증상이 터져 나오는 증거다.

시간이 갈수록 더 많은 사람이 무기력증에 빠질 가능성이 높은 이유가 하나 더 있다. 인구구조다. 무기력증에 빠졌다는 것을 알리는 대표적 신호 중의 하나가 '번아웃 증후군'이다. 번아웃은 영어로 '태우다'는 의미로 신체적·정신적 피로로 인해 에너지가 고갈되고 지쳐버린 상태를 말한다.

이런 증상은 주로 45세 이후부터 은퇴 시기까지 나타난다. 의학적으로 만 45세가 넘어가면 남녀 모두 성호르몬 수치의 변화가 시작된다. 여성은 여성호르몬이 급격히 줄어들고 남성호르몬 수치는 늘어난다. 남자는 그 반대다. 만 45세 무렵부터 시작되는 호르몬 불균형으로 노화 속도 증가, 피로 누적, 생식 능력과 골

밀도 하락, 수면의 질 저하, 기억력과 집중력 하락, 스트레스에 대항하는 호르몬 반응력의 저하가 나타나는데, 이에 따라 우울증 빈도 증가, 성격 변화 등 설명하기 힘든 복합적인 신체 변화나 각종 질병 증상이 나타나는 시기를 '갱년기'라고도 한다.

이때 퇴직이나 조기 은퇴, 주변 사람과 관계 변화가 겹치면 불안감은 더 증가한다. 그리고 불안에 대응하기 위해 상황을 회피하거나, 표정이 어두워지고, 말수가 줄어들거나, 갑자기 상대방에게 화를 내거나, 원인 모를 짜증과 화가 치밀어 오르며 숨이 막히거나, 책임을 전가하거나, 사회적 역할을 잃고 인생이 무너졌다는 상실감을 느끼면서 무기력하고 위축된 모습을 자주 보이거나 한다.[96]

2022년 현재 한국 사회의 인구구조를 보면, 45~65세 사이의 인구 비율이 전체 인구의 32%다. 15~65세를 생산가능인구로 보면, 이 중 48%(45~65세)가 번아웃 증후군에 빠질 위험이 높은 상황인 셈이다.

현재와 미래의 경제, 사회, 정치 등에 대한 불안감이 높아지고 기대감이 사라지면 '무관심'이라는 치명적인 위험이 생긴다. 엄밀히 말해서, 무언가에 관심을 끊는 행위는 자기보호본능의 작용 중 하나다. 에너지를 쏟아도 문제가 해결되지 않을 것이라는 비관적인 생각이 들면, 낙심이나 스트레스, 정신적 고통이라도 줄이기 위해 관심 자체를 끊어버리는 선택을 한다. 처음에는 자기 주변 상황에 대해서 관심을 끊지만 시간이 갈수록 국가와 사회에서 일어나는 일에 무관심해지고 심지어 회사나 가족 간에 일어나는 일에도 무관심해질 수 있다.

과도한 경쟁과 미래에 대한 불안으로 발생한 무기력이 무관심과 만나면 마음을 닫고 스스로 고립되는 선택을 하기도 한다. 고립은 '소외감'이라는 현상과도 연결된다. 심리학자들은 '불안은 절대적 가치관이 없는 세상에서 느끼는 자유의 심리적인 압박을 포함하는데, 이는 소외의 한 형태다'라고 말한다.

또한 소외는 사회와 타인에게서 떨어져 혼자가 되었다는 고독감도 포함한다. 인기 절정의 연예인이 자살하는 이유는 무엇일까? 화려한 무대의 조명이 꺼지고, 환호하는 관객이 돌아간 뒤 혼자 남아 있을 때 불안한 미래가 엄습하면 스스로를 소외시키기 때문이다.

스스로를 소외시키면 자신의 존재는 아무런 의미가 없고, 주위 사람에게도 도움이 되지 않으며, 자신의 잘못이 아닌 일에 대해서도 필요 이상의 책임감과 죄책감을 느끼고, 모든 일에 대해 자신을 탓하며 죄의식을 느끼는 상태에 빠질 수 있다.

다수의 사람들은 무관심과 무기력을 동시에 느끼면 어떤 행동을 취할까? 바로 '무의미'다. 국민이 국가나 사회에서 일어나는 일에 관심을 두지 않고 자포자기에 빠지거나 지루함을 느끼기 시작하면 곧이어 정치인, 이웃, 동료, 가족과의 갈등에서 오는 불편함이 상대적으로 크게 다가온다. 이때 갈등을 해소할 방법을 찾지 못하면 의미 자체를 없애버리는 선택을 해서 자신을 보호하려고 할 수 있다.

무의미는 분명하고 절대적인 가치관이 해체되는 시기에 더욱 기승을 부릴 수 있다. 고립이나 소외는 소수의 사람들이 선택하는 보호 본능이지만 무의미는 다수의 사람들이 선택하는 보호 본능이다.

미래에 대한 무의미, 성공에 대한 무의미 등이 쌓이면, 자기 자신을 물리적으로 고립시키지 않는 대신 현재와 자기 자신에게만 모든 에너지를 쏟는다. 생활을 단순하게 만들어버린다. '그냥 내가 맡은 일만 잘하면 되지'라는 생각이 커지고 이런 분위기를 다른 사람에게 전염한다. 불안과 소외, 무관심, 무의미 등은 사람의 마음속에 염세주의적 태도도 불러일으킬 수 있다. 희망을 버리고 그냥 흘러가는 대로 살면서, 우리가 마땅히 해야 할 가치 있는 일을 포기하게 한다. 이 땅은 허망한 것에 불과하므로 가능한 한 멀리 떨어져야 할 곳으로 여기게 된다. 심할 경우 아무런 이유 없이 타인을 혐오하게 될 수도 있다.

3무와
자본주의의 몰락

2021년 12월 24일, 영국 옥스퍼드대학교 개발경제 석학 폴 콜리어 교수가 국내 한 언론사와 인터뷰에서 이런 말을 했다.

개발도상국에서 수십 년 만에 선진국으로 도약한 유일한 국가인 한국이 현재는 불황에 시달리는 다른 국가처럼 악몽 같은 시기를 겪고 있다. 한국은 지난 70년 사이 가난을 벗어나 OECD 회원국으로 성장한 유일한 국가다. 역사적으로 사회가 단합해 함께 일하면서 변화할 수 있었다. 참 역동적이었다. 하지만 한국은 심각한 방식으로 잘못되고 있다. 너무나 비극적이다.[97]

그의 눈에 비친 현재 한국의 자본주의는 대중을 빈곤에서 구하는 정상 궤도를 이탈해 '고장 난 상태'다. 폴 콜리어 교수는 IMF, 세계은행, 하버드대학교, 파리정치대학교를 거쳐 옥스퍼드

대학교 블러바트닉대학원 교수로 재직 중이다.《빈곤의 경제학》
《자본주의의 미래》등 주옥같은 저서를 통해 저개발국의 빈곤
문제를 연구한 공로로 영국에서 기사 작위를 받고 〈포린폴리시〉
선정 '세계의 사상가 100인'에도 꼽힌 세계적인 석학이다. 따라
서 그의 한국에 대한 평가를 그냥 흘려들을 수가 없었다.

폴 콜리어 교수는 현재 한국의 어떤 상황을 보고 '자본주의의
실패'의 후폭풍을 맞고 있다는 뼈아픈 진단을 내렸을까? 그가
밝힌 이유는 가족 붕괴로 인한 낮은 출산율, 청년 취업난, 커지
는 빈부격차와 사회 갈등 등이다. 또한 그는 이런 문제들은 가족
과 기업, 국가 단위 모두가 공동체보다는 개인 쪽으로 중심이 쏠
리는 현상과 좌우파 정부를 가리지 않는 이념주의와 대중영합
주의(포퓰리즘) 정책이 기승을 부리면서 나타난다고 했다.

그는 이런 상황이 한국만의 독특한 문제가 아니라고 했다. 세
계 대다수의 자본주의 국가에서 볼 수 있는 전형적인 현상이라
고 했다. 단 한국은 매우 짧은 기간에 압축 성장을 하는 바람에
이런 문제들이 놀랄 만큼 빨리 나타난 것이라고 진단했다.

그는 개인, 기업, 국가가 번영이라는 공통의 목적을 가지고 공
유된 정체성을 바탕으로 상호호혜적 의무를 발휘하면서 실용적
전략을 따라 함께 생산성을 높이면 자본주의는 따뜻하게 작동
할 수 있다고 주장한다. 그는 인간의 노동(생산) 행위도 돈 버는
수단을 넘어 자존감을 키우고 내면의 자아를 실현하는 행위라
고 본다. 이를 위해서는 노동자가 목적의식을 가지고 일을 해야

한다.

지금 한국의 자본주의는 이처럼 서로를 위한 책임감을 앞세우는 친사회적 성격을 잃어버리고 극단적 개인주의적 성격에 매몰되어, 점점 더 단기적이고 이기적으로 흘러가고 있다. 자본주의가 고장 나면서 경제적 형편이 좋은 소수 집단만 목적의식을 가지고 일한다. 노동자 대부분이 삶이나 노동의 목적을 찾지 못하는 상황에서 기계처럼 일한다. 그 결과 고학력자와 나머지 국민, 수도권 주민과 나머지 주민, 고숙련 노동자와 나머지 노동자로 극명하게 갈라지고 있다. 심지어, 이런 '나머지'에 속한 사람들이 버려진 기분을 직접 느끼는 상황까지 이르렀다. 세대 간 갈등, 젠더 간 갈등도 무섭게 퍼지고 있다.

미래를 짊어져야 할 세대이자 가장 뜨겁게 사랑할 나이의 청년 남녀가 서로를 맹렬히 미워한다. '나의 불행은 너의 행복 탓'이라고 말한다. 한국 사회의 젠더 간 적대 온도는 '6·25급'이라는 자조 섞인 평가도 나온다. 서로를 돌봐주어야 할 부모와 자녀 세대가 일자리를 두고 치열한 전쟁을 시작했다.

국내 한 일간지와 서울대학교 사회발전연구소가 2022년 대선 직후 공동으로 실시한 '2022 대한민국 젠더 의식 조사'의 결과에 따르면, 전체 응답자(1,786명)의 66.6%가 '한국 사회 남녀 갈등이 심각하다'고 응답했다. 이 중에서 20대의 79.8%, 특히 20대 여성의 82.5%는 젠더 갈등이 심하다고 응답했다. 청년 남녀가 말하는 젠더 갈등의 최전선은 '차별'이다. 남자는 여자 때

문에 차별을 당한다고 생각하고 여자는 남자 때문에 차별을 당
한다고 분노한다. 정치권이 이 문제를 해결하지 못하고 자기 당
득표에 유리하게 이용하는 바람에, 젠더 갈등은 소셜미디어와
온라인 커뮤니티를 타고 정치 문제로 비화되었다.[98]

　필자가 폴 콜리어 교수의 진단을 주목하는 이유가 있다. 필자
가 엔데믹 시대에 주목하는 7개 단어의 마지막은 무기력, 무관
심, 무의미라는 3무인데, 이 3무 추세도 어쩌면 실패한 자본주의
의 결과일지 모른다. 따라서 무기력, 무관심, 무의미라는 3무가
심화될수록 한국 자본주의는 실패의 늪에서 빠져나오기 어렵고,
자본주의 실패로 발생한 '격차'는 심화될 가능성이 높다. 최악의
경우 한국 자본주의 시스템 전체가 무너지는 불행한 미래로 치
달을 수 있다.

전체주의의
감시

'감시사회'는 미래 시나리오에 종종 등장하는 키워드다. 필자도 중국이나 북한 등의 전체주의 국가, 독재 국가에서 인공지능, 양자컴퓨터, 블록체인, 디지털화폐 등 최첨단 미래 기술을 활용하여 자국 내에서 전 국민을 감시하고 통제하는 미래가 충분히 가능하다고 예측했다.

특히 필자의 눈에는 중국의 경우 이런 미래를 만들고자 실제로 움직이고 있는 징후가 속속 포착된다. 예를 들어, 중국은 2022년 베이징동계올림픽을 계기로 디지털 위안화 사용 범위를 확대했다. 정부가 직접 나서서 금융권에는 디지털 위안화에 대해서 지급보증을 해주고, 중국 사업자에게는 디지털 위안화를 사용한 결제 거부를 하지 못하도록 강제하는 조치를 취했다. 디지털 위안화를 안착시키려고 노력하는 이와 같은 행보는 법정화폐에 준하는 지위를 부여하려는 의지가 보인다.

중국 정부가 디지털 위안화에 대해 이렇게 적극적인 이유는 무엇일까? 겉으로는 미·중 패권전쟁의 최종 승자가 되는 데 필수적인 미래 기축통화를 선점하기 위해서다. 하지만 속내는 다를 수 있다. 중국 정부가 자국 내에서 흐르는 돈의 움직임을 낱낱이 들여다보고 유통 흐름을 장악할 수 있다면 국민을 감시, 통제, 관리하는 데 매우 유리하기 때문이다.

중국 정부가 전 국민을 감시하기 위해 취한 행보는 더 있다. 알리바바 전 회장이었던 마윈을 숙청하면서 드러난 중국 내 빅테크 기업에 대한 강력한 규제다. 중국 정부는 왜 이런 무리수를 두는 것일까? 겉으로는 빅테크 기업 길들이기 혹은 감시 강화를 위해서다. 지금 빅테크 기업이나 거대 플랫폼 기업은 특정 개인에 대해서 정부나 정보기관보다 더 많은 정보를 축적하고 있다.

텐센트가 만든 위챗은 중국 인구 14억 명 중 12억 명이 사용한다. 수십만에 달하는 기업 회원도 거느리고 있다. 위챗은 자체 운영하는 앱 스토어에서 금융, 부동산, 교육, 게임, 각종 행정 서비스 등 다양한 앱을 추가로 제공하면서 출생신고, 길거리 음식값 결제, 금융 및 투자, 기업의 대내외 업무 활동에 이르기까지 중국인과 기업의 생활과 비즈니스 전반에 관여한다. 위챗페이도 서비스하고 있다.

알리바바의 영향력도 만만치 않다. 알리바바는 중국 내 플랫폼 시장을 텐센트와 양분하고 있다. 중국 인구 14억 명 중 12억 명이 알리바바를 사용한다. 알리바바는 중국 내에서만큼은 아마존과 겨루어도 손색이 없는 거대한 전자상거래 플랫폼을 구축했다. 알리바바도 알리페이 서비스를 하며 소매금융시장에 대한 지배력을 강화하고 있다. 2019년에 알리페이는 중국 디지털 결제시장의 55%를 점유하며 1위를 차지했다. 2위인 위챗페이는 점유율 38.9%를 기록했다. 개인 대출은 5억 명, 중소기업 대출은 2천만 개 업체가 이용 중이다.

알리바바와 텐센트 양사는 실시간으로 수집되는 빅데이터를 이용해 인공지능을 학습시켜 중국 기업과 중국인의 마음을 사로잡고 일상생활에 깊숙이 파고들고 있다. 이런 영향력 덕택에 구글, 애플, 테슬라, 마이크로소프트 같은 글로벌 빅테크 기업도 중국 빅테크 기업과 거대 플랫폼 기업 앞에서 쩔쩔맨다.[99] 무소불위의 권력을 가진 시진핑 정부도 이들의 위세와 대국민 영향력을 경계할 수밖에 없다. 이런 힘과 영향력을 가진 거대 플랫폼 기업이 공산당 통제에서 벗어나면 어떻게 될까? 홍콩이나 신장위구르 자치구 등에서 일어나는 반정부 시위보다 더 무서운 존재가 될 수 있다.

2020년 10월 24일에 상하이에서 열린 금융 서밋에서, 알리바바 창업자 마윈 회장은 중국 정부가 관리하는 금융 시스템을 전당포 수준에 불과하다고 폄하하면서 공개적으로 불만을 드러냈다. 마윈의 의도는 중국 금융 시스템이 인공지능과 빅데이터 시대에 맞게 새롭게 발전해야 한다는 것이었지만 공산당 입장에서는 자당의 통치방식에 반기를 든 것으로 받아들일 여지가 있었다.

마윈의 발언 이후 중국 정부는 앤트그룹 상장을 중단시키고, 마윈과 앤트그룹 경영진을 소환했다. 중국 금융감독 당국은 '플랫폼 경제 영역 반독점 지침' 초안을 발표했다. 온라인 소액대출 기업의 자기자본 확충 강화, 1인당 대출금액 제한 등 강력한 규제책도 일사천리로 발표했다.

2020년 9월에 열린 당 중앙위원회 연설에서 시진핑 주석은 민간 기업가들이 중화민족의 위대한 부흥을 위해 사회주의 통일전선에 적극 나서야 한다고 강조하며 기업가들을 압박했다. 시진핑 정부는 중국은 국유 경제가 주도적 역할을 하는 '국가자본주의'라고 재천명했다.

중국 정부가 빅테크 기업 길들이기 혹은 감시 강화를 하는 데는 또 다른 속내가 있다. 중국 정부의 큰 그림은 최첨단 기술과 빅테크 기업이 실시간으로 수집하는 빅데이터를 도구로 사용해 전 국민 감시를 강화하여 공산당 독재체제를 공고히 하려는 의도다.

중국은 국민 감시를 우선으로 두는 전체주의 국가다. 중화인민공화국을 창설한 마오쩌둥은 국민당과의 내전에서 승리하고 철저한 주민 감시 시스템을 구축했다. 시진핑 정부는 최첨단 기술을 활용해서 국가적 감시 시스템을 최고 수준에 올려놓았다. 중국은 사회 안정과 정치 시스템 보호를 위해 매년 국방비보다 더 많은 돈을 지출한다.[100]

중국은 미국과 패권전쟁을 벌이는 것을 두려워하지 않는다.

중국 정부가 두려워하는 것은 자국민이 국가에 불만을 품는 것
이다. 중국 정부가 국민의 불만이 확산되는 것을 얼마나 두려워
하는지, 그리고 불만이 사회 전반으로 퍼지는 사태를 막기 위해
서 수단과 방법을 가리지 않고 있음을 극단적으로 보여준 사례
가 코로나19 팬데믹 동안 발생했다.

코로나19 발생 초기에 중국 정부는 각종 정보를 은폐하고 진
실을 알리려는 의사와 지식인의 입을 강제로 막았다. 당연히 자
국민과 전 세계에서 비난이 쏟아졌다. 중국 정부가 이런 반응을
예측하지 못했을 리 없다.

그러나 중국 정부 입장에서는 정보를 은폐했다는 비난을 받
는 것이 나았다. 모든 정보가 공개되어 정부 정책의 실패와 관료
의 무능이 드러나서 책임론이 확산되고, 피해 규모가 확대되어
주민 공포가 극심해지고, 2억 명이 넘는 농민공이 직장을 잃을
것이라는 불만과 우려가 확산되면서, 전국 곳곳에서 대규모 시
위나 반정부 목소리가 커지는 상황이 벌어지는 것은 막아야 했
기 때문이다.[101]

실제로 코로나19 팬데믹 동안 위기 대응의 성공과 실패 여부
에 따라 주요 선진국 지도자들의 지지율이 요동쳤다.

코로나19 발생 직전에 독일의 메르켈 총리는 정치 생명 위기
를 맞아 임기 후 쓸쓸한 퇴장이 예고되었다. 하지만 코로나19
팬데믹에 성공적으로 대응하자 메르켈 총리의 지지율은 급등세
로 돌아섰다. 한국 정부와 덴마크 정부 지지율도 고공 상승했다.

반대로 위기 대응에 실패했던 트럼프와 아베는 지지율 급락이라는 참변을 맞았다. 코로나19 발생 직전에 아베 총리는 장기 집권이 당연시되었지만 코로나19 팬데믹 대응 실패와 잇따른 구설수로 자민당 내의 퇴진설을 극복하지 못하고 정계 은퇴를 선언했다. 재선이 확실시되던 트럼프 대통령은 바이든과 민주당에 행정부와 의회 권력을 모두 빼앗겼다.

코로나19 팬데믹이 종식된 이후에도 중국 정부의 국가 감시 시스템 강화는 계속될 것이다. 중국 경제성장률이 예전만 하지 못하고 일자리 창출 능력이 약화되면 국민과 기업인의 불만과 불안이 높아지기 때문이다. 오래전부터 중국 지방 곳곳에서 시위가 빈번하게 발생해왔다. 이런 크고 작은 시위, 각종 사회적 불만, 정치인의 부정부패, 인권 향상과 민주주의 요구, 소수민족의 독립 투쟁을 경제 성과로 막아왔던 중국 공산당의 입장에서는 경제 위기 혹은 침체는 무장해제를 의미한다.

2020~2021년 코로나19 팬데믹으로 중국의 경제성장률은 역대 최저치를 기록했다. 코로나19 팬데믹 동안 중국이 입은 경제적 손실이 얼마인지는 정확하게 알 수 없다. 제1차 유행기에만 G7이 입은 경제적 손실이 대략 3조 9,600억 달러에 달했다는 것만으로도 중국 내부에서 발생한 경제적 손실 규모와 충격이 만만치 않았다는 것을 짐작할 수 있다.[102]

중국 정부는 2022년에도 강력한 제로 코로나 정책을 펼치고 있다. 시진핑 주석의 3연임 투표가 2022년 11월로 잡혀 있기 때문이다. 강력한 코로나 방역정책이 3년 동안 이어지자 중국 내부에서도 불만의 목소리가 커지고 있다. 중국 정부의 금융정책에 공개적으로 반기를 들다가 숙청된 마윈의 전례가 있었음에도 불구하고 2022년 5월에 텐센트 회장이 침묵을 깨고 과도한 코로나 방역정책 때문에 경제적 피해가 막대하다는 정책 비판성 글을 개인 SNS에 공유했고, 그 내용은 순식간에 전 세계로 퍼져나갔다.[103] 중국 정부 입장에서는 이런 일이 반복적으로 일어나는 것이 매우 부담스러울 수밖에 없다.

물은 액체다. 하지만 특정한 한계온도에 도달하면 순식간에 상전이가 일어난다. 액체에서 기체로 변화된다. 안정적인 중국 사회 시스템도 무너지고 한순간에 혁명이 일어날 수 있다. 불만이라는 에너지가 누적되어 임계치에 다다르면 군중의 힘(규모와 협동)이 기존 사회 혹은 정치 시스템을 붕괴시키는 일이 벌어질 수 있다.

혁명(상전이)이 일어나는 시점은 정확하게 예측할 수 없다. 혁명의 결과(상전이 결과)가 민주화를 가져올 수도 있고 더 강력한 전제국가화를 초래할 수도 있다. 하지만 경제성장률이 계속 낮아지고 일자리 창출 능력이 약화되면서 국민과 기업인의 불만과 불안이 계속 누적되면 언젠가는 혁명이 일어날 수 있다는 것은 분명하다.

중국 정부는 그 시점을 최대한 늦추거나 발생하지 않도록 관리하고 싶어 한다. 그리고 그 핵심 전략은 계속 들끓으며 온도가

올라가고 있는 군중의 불만과 불안을 가속화하는 메시지(정보)
의 통제와 관리다. 이렇게 하려면 빅테크나 거대 플랫폼 기업을
손에 쥐고 있어야 한다. 이를 통제하지 못하면 중국 공산당 정부
는 시한부 정권이나 다름없다.

유튜브나 SNS를 통해 가짜 뉴스만 많이 생산된 것이 아니다.
국민 전문가 활동이 활발해지고 있으며, 개인 SNS 정보의 연결,
확대, 재생산이라는 힘이 기존 미디어를 능가하는 전문성을 얻
고 있다. 이런 흐름은 중국 내부에서도 예외가 아니다. 텔레그램
에 정부 비판방을 개설하고 공산당 정부의 코로나19 팬데믹 대
응책을 평가하고 저항의식을 공유하는 중국 젊은이가 늘어나고
있다.

중국 정부가 미래 신기술을 활용해서 지능적인 감시, 통제, 차
단을 할 수 있는 'IT 전체주의'로 진입하는 것은 정해진 미래다.
이미 중국 정부는 전국에 깔린 CCTV, IoT 센서, 5G 통신, 스마
트폰, 각종 인공지능 알고리즘을 통해 14억 명에 가까운 전 인
민을 24시간 밀착 감시할 수 있는 국가 감시 시스템 가동에 착
수했다. 만약 중국 내 빅테크 기업의 데이터를 장악하고 디지털
위안화의 전국 사용이 가능해지면 감시 시스템은 획기적으로
진화한다. 그들이 구축한 사회관계망을 통해 전 국민의 말 한마
디, 글 하나까지 완벽하게 감시하고, 현재와 미래의 생각까지 들
여다보면서 정부에 반기를 들 소지가 있는 사람들을 추적할 수
있게 된다.

필자는 2030년경에 북한이 최첨단 IT기술을 활용하여 북한 주민을 완전하게 통제하고 감시하는 'IT기술 전체국가 시스템'을 완성하는 시나리오를 발표하기도 했다. 코로나19 팬데믹 동안 북한과 같은 극빈국 혹은 독재국가는 사망자 수를 공식 집계할 수 없을 정도로 엄청난 피해를 입었다. 국민의 두려움과 피로감도 극도에 달했다. 대정부 불만도 커졌다.

이런 상황이 장기간 지속되면 어떤 일이 일어날까? 민주적 선거 제도가 있는 나라에서는 평화롭게 권력 지형이 바뀌지만 그렇지 않은 나라에서는 혁명이 일어난다.

코로나19가 발생하자 중국 정부는 정보를 은폐하고 진실을 알리려는 의사와 지식인의 입을 강제로 막았다. 코로나19 억제를 위한 봉쇄 조치로 2억 명이 넘는 농민공이 직장을 잃을 것이라는 우려가 나오자 중국 공산당은 잔뜩 긴장했다.[104]

김정은 정권이나 제3세계의 독재국가들도 중국 정부만큼 시민혁명을 무서워한다. 언젠가는 혁명이 일어날 것이며, 혁명의 주 타깃이 현재 권력을 잡고 있는 자신들이라는 사실을 잘 알고 있다. 김정은 정권이 미국과 한국 때문에 체제 위협을 느낀다고 말하지만 실제로 걱정하는 것은 내부에서 시작되는 체제 불안정성이다.

김정은 정권은 이미 인적 기반 전 국민 감시 시스템을 세계 최고 수준으로 구축하고 있다. 북한은 전 세계 상위 클래스에 들 정도의 수준 높은 IT기술도 보유하고 있다. 앞으로 북한 김정은 정권이 자체 개발하거나 혹은 중국의 도움을 받아 인공지능 기술을 CCTV, 개인컴퓨터, 인터넷과 연결해서 주민의 외부 활동을 감시하고, 지문인식, 홍채인식, 안면인식 등을 통해 건물 안에서 움직임과 출입을 관리하는 인프라 구축에 성공하면 모든 북한 주민을 더욱 철저하게 감시할 수 있다. 인공지능을 활용한 범죄 예측 기술도 확보한다면 민중봉기나 군사쿠데타를 사전에 막을 수도 있다. 인공지능이 자료를 분석하고 예측하기 때문에 24시간 빈틈 없는 감시도 가능해진다.

여기에 디지털 화폐까지 접목할 경우에는 지구상에서 가장 강력한 주민 감시 시스템을 완성할 개연성이 매우 높다. 인터넷을 통해 인민이 무엇을 말하고, 무엇을 불평하고, 무엇을 요구하는지 실시간으로 모조리 파악하고, 디지털 화폐의 움직임을 통해 돈과 소비 흐름까지 통제 및 관리하면, 불만이 있는 주민이나 쿠데타 모의 세력의 추적 및 색출도 더 쉬워진다.

민주주의의
감시

중국, 북한 혹은 제3세계 독재자만 이런 욕망 혹은 두려움을 품고 있을까? 아니다. 민주주의 사회의 정치인 중 일부도 이런 욕망이나 두려움을 마음에 품고 있을 것이다. 단 이들에게는 민주주의 국가에서 먹힐 수 있는 적절한 명분과 시점이 필요하다. 코로나19 팬데믹과 같은 대재앙은 이들이 사용할 수 있는 훌륭한 명분이다. 여기에 최첨단 IT기술이 확보되고 CDBC까지 통용되고 있다면 법을 고치지 않아도 얼마든지 무대 뒤에서 국민을 감시할 수 있다. 절대 과장된 말이 아니다.

중국에는 500m 내에 있는 불특정 다수의 사람들 중에서 채무불이행자를 찾아주는 앱이 있다. 텐센트가 운영하는 중국 최대 SNS 위챗에서 실행되는 앱이다. 이 앱을 켜면 자기 주위 500m 내에 채무불이행자가 많을수록 앱 속 레이더 그림이 진한 붉은색으로 바뀐다. 앱에 포착된 채무불이행자 목록에서 한 명을 임의로 클릭하면 그 사람의 채무액부터 거주지까지 다양한 개인정보가 표시된다. 무서운 앱이다.

그러나 중국인들은 이 앱을 좋아한다. 중국 정부도 사회신용 제도라는 명분으로 앱의 사용을 적극 권장하고 있다. 중국 금융 당국은 이런 앱을 통해 채무액, 방문 장소, 무단횡단 횟수, 공공 장소 흡연 여부, 비디오 게임 구매 금액, SNS에 단 악성 댓글 수, 가짜 뉴스 게재 여부, '좋아요'를 클릭 기사 등 사소한 것까지 모두 추적하여 신용점수로 환산한다. 사회적 신용점수가 높아지면 대출받는 데 유리하거나 각종 혜택을 받는다. 신용점수가 하락하면 블랙리스트에 오른다.

2013년에 블랙리스트 제도가 시행된 이후, 자동으로 비행기 탑승이 거부된 횟수가 600만 건, 법정을 모독한 이유로 고속열차 티켓 구매를 거부당한 횟수가 200만 건이었다. 중국에서 법정 모독은 공산당 모독과 같은 것으로 취급된다.[105] 앞으로 선진국이나 민주주의 사회에서도 이런 앱이 등장할 개연성은 얼마든지 있다. 만약 정부가 그런 앱을 이용하려고 마음만 먹는다면 어떤 일이 벌어질까?

권력과 지배를 향한 인간의 욕망은 선진국이라고 해서 없어지지 않는다. 이념을 가리지도 않는다. 단지 욕망을 분출하는 방식이 다를 뿐이다. 대놓고 하느냐, 몰래 하느냐의 차이다. 거칠게 하느냐, 교묘하게 하느냐의 차이다.

예를 들어보자. 코로나19 팬데믹이 전 세계를 강타할 때 영국은 '코로나 확산 방지'라는 명분을 들어서 정부가 시민을 제재할

권한을 갖는 비상 법안을 통과시켰다. 프랑스 의회도 영장 없이 개인 집을 수색하고 강제 연금시킬 수 있는 법안을 통과시켰다. 헝가리 총리는 행정명령 권한을 사용해서 국가 비상사태를 무기한 연장했다. 이스라엘에서는 베냐민 네타냐후 총리가 테러리스트 감시 및 추적 기술을 코로나19 확진자 추적에 사용하는 법안을 의회에 제출했다. 의회는 즉각 거절했지만, 총리는 국가 비상사태라는 명분으로 긴급명령을 발동하여 밀어붙였다. 필리핀 로드리고 두테르테 대통령은 긴급 연설에서 격리 조치 위반자는 사살해도 좋다고 선포했다.[106]

제3세계의 상황은 더욱 심각했다. 캄보디아는 코로나19 비상 법안에 언론 규제와 무제한 감청을 허용하는 조항을 삽입했다. 코로나19 팬데믹 동안 정부나 특정 권력그룹이 국민 통제를 강화했던 곳도 많았다.

21세기 내내 팬데믹이나 치사율이 높은 전염병의 발생이 반복되어 일어날 가능성이 매우 높다. 필자가 지난 100년 동안의 전염병 발생 패턴을 분석한 결과, 세계적 팬데믹을 일으키는 대형 전염병은 12~39년을 주기로 한 번씩 나타난다. 전염병이 반복될 때마다 시장이 흔들리고, 실업률이 치솟고, 인플레이션율이 높아지면서 국민이 고충을 겪을 수 있다. 현재 전 세계적으로 고통이 깊어지고 미래 불안이 커지고 있어 정부 역할의 강화 목소리가 나올 가능성이 높다.

코로나19 팬데믹 동안 중국은 최첨단 IT기술을 활용해서 전

국민을 얼마나 효과적으로 그리고 드러나지 않게 감시하고 통
제할 수 있는지를 보여주었다. 중국의 전 국민 밀착 감시 성공
사례가 수많은 국가로 전파될까 봐 염려된다. 권력을 장기 집권
하려는 세력은 그 욕망만큼 국민을 감시하고 통제하고 싶어 하
기 때문이다. 이런 세력에게 중국식 IT 전체주의는 아주 매력적
인 유혹이다.

코로나19 같은 전염병의 반복이 아니더라도 21세기 내내 경
제적 생존 위협이 반복되고 시간이 갈수록 더 크고 긴박해질 것
이다. 거대한 경제위기가 반복될 때마다 중산층이 서서히 무너
진다. 서민층의 고통도 가중된다.

필자는 코로나19 팬데믹 이후 가장 확실한 미래를 부의 양극
화 심화라고 예측했다. 2020년 4월 22일, 노벨경제학상 수상자
조지프 스티글리츠 컬럼비아대학교 경제학과 교수도 〈가디언〉
과의 인터뷰에서 코로나19 팬데믹 이후 미국 내 부의 불평등 격
차가 티핑 포인트(도약점)에 도달할 것이라고 예측했다.[107] 조지
프 스티글리츠 교수는 코로나19 팬데믹이 종식되기 전에 미국
중산층의 최하단에 있는 이들이 실업, 임금 삭감 등으로 빈곤층
으로 추락할 것이라고 예측했다.

국제구호단체 옥스팜은 전 세계 인구 5억 명이 빈곤층으로
떨어질 것이라고 추정했다. 코로나19 팬데믹 동안에는 1918~
1919년 스페인독감 유행 이후 처음으로 경제 셧다운에 들어갔
다. 미국에서는 한 달 만에 2천만 개가 넘는 일자리가 사라졌다.

2008년 글로벌 금융위기 이후 10년 동안 복구한 일자리가 불과 한 달 만에 사라졌다. ILO 사무총장 가이 라이더는 2020년 2분기에만 전 세계에서 1억 9,500만 명분의 정규직이 사라질 것이라고 추정했다.

제2차 코로나19 팬데믹이 지나고 나면 한국도 일자리 충격이 1997년과 2008년 위기 때보다 더 클 것이다. 수많은 자영업자가 파산하고 중소기업도 상당수 문을 닫을 수 있다. 살아남아도 대규모 구조조정을 해야 한다. 이 시기에 일자리나 가게를 잃은 중산층은 회복하는 데 시간이 오래 걸릴 것이다.

서민과 중산층 붕괴가 반복되면 부의 불균형 분배도 심화된다. 부의 불균형 분배가 국가 단위로 확장되면 자국 우선주의를 연장하는 힘으로 작동한다. 국내에서는 이런 부작용이 네트워크의 자기 집단 강화 속성을 타고 대립하는 양측의 진영 논리를 강화한다. 이때 정치가 포퓰리즘을 구사하면 사회 혼란은 극대화된다. 극단적 사회 갈등과 혼란을 잠재우고 무너진 경제를 빠른 시간에 재건하려면 초법적이거나 초의회적인 통치가 필요하다는 명분이 힘을 얻을 수 있다.

이런 분위기를 틈타 민주주의 사회 정치 지도자들도 긴급명령 형태나 의회 다수결이라는 도구를 이용해서 합법적으로 국민을 감시하고 통제하는 '감시사회 시스템'을 서서히 교묘하게 강화해갈 수 있다.

정부의 힘이 거대해지는 것만으로도 감시사회로 갈 우려를

높이는 요소가 될 수 있다. 자본주의 역사를 돌이켜보면, 큰 정
부가 귀환하여 시장의 위기를 해결해줄 때마다 시장의 자유는
축소되었고 규제와 감시는 늘어났다. 일자리를 지키고 확대하려
는 정부의 의지가 곳곳에 반영되고 정부의 구제금융 실시로 기
업 구제가 늘어나면, 주주와 경영자의 권한과 이익에 제한이 가
해진다.

국영화되는 민간 기업이 생긴다. 정부가 폭락한 투자시장을
수습하면 새로운 금융 규제가 만들어진다. 코로나19 팬데믹이
나 석유전쟁처럼 국가의 존립과 직결된 위기가 일어나는 시기
라면 제약과 의료, 에너지 등 전략적인 산업에서 정부의 개입이
최우선시된다.

위기 극복을 위해서는 당연한 수순이라고 볼 수 있지만, 그 뒤
에는 심각한 부작용이나 위험이 도사리고 있다. 바로 독재자 혹
은 독재 정부의 귀환 가능성이다. 그리고 독재자 혹은 독재정부
는 감시사회 형성을 우선으로 한다.

민주주의 사회에서 등장하는 독재 혹은 독재정부로 독일의
히틀러나 소련의 스탈린, 북한의 김정은, 중국 공산당 정부 등을
떠올리면 안 된다. 민주적 절차에 따라 권력을 획득한 권력자나
그룹도 독재적 행보를 할 수 있다. 대중의 지지를 등에 업고 기
존 법률을 무시하고 헌법 권한을 넘어서는 위험한 행보를 서슴
지 않거나, 혹은 권위주의적 성향이나 전체주의 신념을 적극 드
러낼 경우 독재가 된다.

법을 초월하는 모양새가 싫다면 법을 고쳐서 '합법적'으로 기업이나 국민의 자유를 침해하고 권리를 제한하는 일을 시도한다. 민주주의 사회에서 등장하는 독재자 혹은 독재정부는 우파든 좌파든 가리지 않는다. 대중이 우파를 원하면 우파 독재정부가 나오고, 좌파를 원하면 좌파 독재정부가 출현한다. 미국의 작가 업튼 싱클레어가 이런 말을 했다. "어떤 사람에게 무언가를 이해시키는 것은 어려운 일이다. 만약 그 사람이 받는 봉급이 그 '이해 못할 것'에서 나오고 있다면 더욱 그렇다!"

경제를 살리고 일자리만 만들어낼 수 있다면, 내 월급을 지켜주기만 한다면, 좌우는 그리 중요치 않다. 대부분의 부작용도 참아줄 수 있다는 묘한 분위기가 사회에 스며든다. 독재자 혹은 독재정부는 이런 분위기를 기가 막히게 파고든다.

물론 정부가 감시사회 시스템을 강화하면 국민이 가만히 있지 않을 거라고 말할 수 있다. 완전히 틀린 말은 아니지만 3무 현상이 사회 전반에 고착화되고 다양한 갈등이 사회 전반에 퍼지면서 혼란이 계속되면 상황이 달라진다. 국민이 정부를 감시하는 힘을 가지려면 몇몇의 사회단체만으로는 어렵다.

무엇보다 국민의 동의와 지지가 필요하다. 기술사회의 부작용과 남용 가능성에 대한 이성적 반성과 성찰할 시간을 가지려면 경제적 안정도 필요하지만 공동체의 합의가 중요하다. 합의를 이루려면 서로 무언가를 양보해야 한다. 공동체의 합의는 대단히 어렵고 시간과 에너지와 자원 소모가 큰 고난도의 작업이

다. 많은 시간과 노력, 인내가 필요하다. 3무 현상은 이런 노력과
인내 자체를 불가능하게 만든다.

주

1 네이버 지식백과, '뉴 노멀'

2 네이버 지식백과, '뉴 노멀'

3 ZDNet Korea(2022.3.29), 이정현, "일론 머스크, 휴머노이드 로봇 시제품, 내년 말 생산 가능'"

4 조선비즈(2022.3.5), 장우정, "넷플릭스, 모바일게임 체인저 선언하고 게임사 줄줄이 인수"

5 조선일보(2019.11.1), 김형원, "카카오키즈 '어린이 넘어 성인까지 전체 교육 콘텐츠 시장 아우른다'"

6 TechM(2021.8.10), 이영아, "'이제는 교육포털?' 웨일북부터 스페이스까지, 네이버는 '에듀테크'에 진심이다"

7 아주경제(2020.4.15), 최예지, "바이트댄스도 도전, 커지는 中온라인 교육시장"

8 한국경제(2020.10.5), 정채희, "조영탁 휴넷 대표 '코로나19發 위기, 교육혁명에는 기회'"

9 뉴데일리경제(2021.10.21), 최유경, "'투자? 금융교육이 먼저' 농협은행, 청소년 금융교육 '구슬땀'"

10 고시위크(2021.5.11), 이선용, "게임학원 메가스터디게임아카데미, 게임회사 취업을 위한 '게임마케팅 교육과정' 오픈"

11 뉴시스(2021.11.4), 배민욱, "전문가 교육 플랫폼 '콜로소' 일본 진출, 연내 미국 공략"

12 파이낸셜뉴스(2021.12.16), 김미희, "온라인 교육 스타트업 '데이원컴퍼니' 日 이어 美시장 진출"

13 ZDNet Korea(2022.2.24), 김성현, "메타의 또 다른 도전 '인류 언어장벽 완전히 허물겠다'"

14 조선비즈(2021.6.1), 이현승, "쿠팡, 배송차량 개발 나선다, 新쿠팡카 키워드 '수소차 · 자율주행'"

258

15 네이버 지식백과, '그리드락'

16 노엄 촘스키, 이종인 옮김, 《촘스키 세상의 물음에 답하다(1권)》(시대의 창, 2005), p.99

17 CCTV경제30분팀, 홍순도 옮김, 《무역전쟁》(랜덤하우스, 2011), p.167.

18 노엄 촘스키, 이종인 옮김, 《촘스키 세상의 물음에 답하다(1권)》(시대의 창, 2005), p.99

19 내일신문(2022.3.8), 김은광, "서구, 러시아 석유 금수조치 가능할까"

20 뉴시스(2022.3.9), 이지혜, "우크라 충격에 뭉치는 美동맹, 자유주의 국제질서 지켜낼까"

21 주간조선(2020.9.16), 지해범, "트럼프와 바이든, 누가 시진핑에 더 강할까"

22 네이버 지식백과, '다극체제'

23 주간조선(2020.9.16), 지해범, "트럼프와 바이든, 누가 시진핑에 더 강할까"

24 중앙일보(2016.4.1), 김형재, "미국이 급속도로 늙어간다, 2050년 65세 이상 22% 차지"

25 파이낸셜뉴스(2019.11.8), 박종원, "NATO 뇌사, 유럽 따로 뭉쳐야"

26 중앙일보(2021.1.2), 김상진, "바이든 시대 다가오자, 인도 태평양에 발 담그는 유럽, 왜"

27 뉴시스(2021.12.24), 김난영, "사우디, 중국 지원으로 탄도미사일 제조 정황"

28 머니S(2020.11.16), 권가림, "미·중 주도의 탈 세계화 '승자독식시대'"

29 한겨레21(2020.11.13), 조일준, "트럼프가 민주주의에 남긴 유산 6가지"; 중앙일보(2020.11.16), 박현영, "'아웃사이더' 대통령 트럼프가 정치적 올바름을 버린 이유"

30 동아일보(2022.1.18), 유재동, "바이든 취임 1년, 美 국민 절반 '좌절감' 느껴, '만족'은 25%"

31 문화일보(2021.1.15), 박준우, "'트럼피즘'은 죽지 않는다, 공화 지지자 35% '의회난입 이해'"

32 한겨레(2021.1.30), 이본영, "끝나지 않은 전쟁, '포스트 아메리카' 시작된다"

33 네이버 지식백과, '스탠딩 웨이브'

34 조선일보(2021.1.22), 신수지, "주요 12국만 14조 달러, 더 풀린 돈이 부른 묻지마 랠리"

35 조선일보(2021.1.22), 신수지, "주요 12국만 14조 달러, 더 풀린 돈이 부른 묻지마 랠리"

36 산업일보(2018.12.18), 김진성, "2019년 세계경제, 선진국-신흥국 모두 견고한 성

장추세 보일 것"

37　그린포스트 코리아(2021.4.1), 이민선, "온실가스 주범 음식물 쓰레기, 연간 885만 톤 배출"

38　뉴시스(2022.4.5), 유세진, "UN '지구 더 이상 살 수 없는 곳 향해 질주', IPCC 보고서"

39　이한중 옮김, 《6도의 악몽: 소설보다 무서운 지구온난화와 환경 대재앙 시나리오》(세종서적, 2008), pp.137−199; 이창신 옮김, 《기후대전: 갈수록 뜨거워지는 세상에서 살아남기 위한 싸움》(김영사, 2011), pp.16, 39; 마크 라이너스 · 모집 라티프, 오철우 옮김, 《기후변화, 돌이킬 수 없는가》(도서출판길, 2010), pp.54−55

40　조선일보(2021.6.3), 이영완, "중국서 신종 AI 감염자 첫 확인, 대유행 전조일까"

41　매일경제(2021.10.16), 이상규, "일상회복 앞두고 '청천벽력' 같은 소식, 인간 침투 코로나 바이러스 또 발견"

42　코메디닷컴(2021.9.8), 문세영, "니파 바이러스, 왜 코로나19보다 위험할까?"

43　데이비드 콰먼, 강병철 옮김, 《인수공통 모든 전염병의 열쇠》(꿈꿀자유, 2017)

44　중앙일보(2020.9.23), 정종훈, "잠자고 있던 치명적 바이러스 깨운다, 시베리아 동토의 배신"

45　앤드류 니키포룩, 이희수 옮김, 《대혼란: 유전자 스와핑과 바이러스 섹스》(알마, 2010), pp.11, 26

46　앤드류 니키포룩, 이희수 옮김, 《대혼란: 유전자 스와핑과 바이러스 섹스》(알마, 2010), pp.355−361

47　네이버 지식백과, '아랍의 봄'

48　중앙일보(2022.3.26), 정은혜, "'빵값 사수하라' 70% 폭등, 우크라 침공이 레바논 밥상 엎었다"

49　국민일보(2021.8.19), 김지애, "부글부글, 대한민국이 끓는다, 갈등지수, OECD 중 세 번째"

50　나무위키, '파에톤'

51　네이버 어학사전, '중산층'

52　MBC(2022.2.1), "월 600만 원 넘게 벌어도 10명 중 9명 '나는 중산층 이하'"

53　매일경제(2022.4.12), 이가람, "월급 700만 원, 부동산 주식 9.4억 원, 중산층 기준 달라졌다"

54　문화일보(2022.1.13), 박정수, "文 정책 실패에 대선 포퓰리즘 '설상가상', 경제 기초 체력 · 펀더멘털 '휘청'"; 아시아경제(2021.4.19), 김흥순, "엄한 기업 규제 탓, 작년 제조업 일자리 7만 2000개 해외로 빠져나가"

55 시사저널(2022.4.10), 안수교, "1인당 GDP 기준 양육비 부담 한국, 세계 1위"

56 한국경제(2019.01.21), 빈난새, "저출산 고령화가 저성장 불러"

57 한국경제(2019.01.21), 임진혁, "10년 뒤엔 마이너스 성장"

58 KBS, "2015 특별기획: 바다의 제국(Empire of the Sea)", '1부: 욕망의 바다, 대 항해 시대의 시작을 알린 향신료'

59 KBS, "역사저널 그날"(2021.11.13), 335회, '대항해 시대 2편: 콜럼버스 새로운 세 상의 문을 열다'

60 네이버 지식백과, '토르데시야스 조약'; 윤경철, 《대단한 바다여행: 교황이 그은 바다 국경선》(푸른길, 2009)

61 위키피디아, '포르투갈의 역사'

62 KBS, "2015 특별기획: 바다의 제국", '2부: 부의 빅뱅, 설탕이 가져온 대혁명'

63 KBS, "2015 특별기획: 바다의 제국", '1부: 욕망의 바다, 대항해 시대의 시작을 알 린 향신료'

64 KBS, "2015 특별기획: 바다의 제국", '4부: 거대한 역전, 차와 아편이 만들어낸 새 로운 세계질서'

65 나무위키, 위키피디아, '대항해 시대'

66 머니S(2021.4.16), 박찬규, "운전대 놓고 넷플릭스 본다. 50인치 화면은 기본"

67 아이뉴스24(2017.8.28), 김문기, "자율주행차 반도체, 스마트폰 대비 '1천 배'"

68 네이버 국어사전, '온톨로지'

69 위키백과, '온톨로지'

70 네이버 지식백과, '암호화폐'

71 네이버 지식백과, '암호화폐'

72 네이버 지식백과, '가상자산'

73 서울경제(2022.4.11), 윤진현, "'한국, 마침내 '트리플 펀치' 위기 왔다' 日 경제학자 경고"

74 아시아경제(2021.12.23), 최대열·김보경·부애리·이기민, "값싼 노동의 시대 저물 고 '긱 이코노미' 시대로"

75 Forbes(2019.9.18), Rousseau Kazi, "The future of work is diverse and distributed", https://www.forbes.com/sites/forbestechcouncil/2019 /09/18/the-future-of-work-is-diverse-and-distributed/#3055 353d7f04

76 프레시안(2019.05.28), 김상하, "10년 후에도 당신이 일자리를 가지고 있을 확률"

77 매일경제(2019.05.02), 박지훈, "AI 시대 사라질 직업 탄생할 직업"

78 BBC(2019.01.15), "자동화로 인해 사라질 수 있는 직업 7가지", https://www.bbc.com/korean/news-46755890

79 아시아경제(2021.6.28), 임주형, "인간 vs 기계 효율성 경쟁, '로봇 물류센터' 시대 열려면?"

80 CNBC(2016.5.31), "Many millennials expect to work until they die", https://www.cnbc.com/2016/05/31/many-millennialsexpect-to-work-until-they-die.html

81 Forbes(202.8.3), Edward segal, "Freelance workforce could increase by 10 million"

82 조선일보(2020.10.15), 김강한, "직장인 30% '내 직업은 최소 2개'"

83 국민일보(2021.1.6), 권기석·김유나·권중혁·방극렬, "잠잘 때도 돈 번다는 '패시브인컴' 추구, 실제론 고단한 노동"

84 조선일보(2021.2.9), 김형원, "고소득 인재가 부업으로 돈 번다"

85 주간조선(2020.10.17), 황은순, "뉴먼족, 놀이족, 신부족사회 이끄는 족장들의 출현"

86 전자신문(2021.5.6), 김명희, "교육 디지털 전환, 유아부터 100세까지, 대한민국 교육트렌드 한눈에"

87 아시아타임즈(2021.12.23), "집콕 시대, 자기계발 주목하는 성인들, 교육시장 '활활'"

88 전자신문(2021.11.01), 김명희, "홈트·공예·부동산 투자, 온라인으로 배운다, 성인 교육시장 커진다"

89 한국경제(2022.2.3), "'엑셀 교육영상으로 12억 벌었다', 美 20대 여성 '인생역전'"

90 전자신문(2020.12.8), 박소라, "교사당 수십 명 학생 '비효율' 숙제, 교육의 지능화로 푼다"; 조선비즈(2020.11.7), 류현정, "100만 다운 스픽 CEO '한국에서 성공하면 세계에서 성공'"

91 한국경제(2020.2.11), 김정은, "웅진씽크빅 '학습지 탈피, 에듀테크 선도, 3년 내에 매출 1조'"

92 중앙일보(2020.8.7), "코로나 이후 교육의 미래는? '에듀테크'가 가져온 3가지 큰 변화"

93 전자신문(2020.12.8), 박소라, "내 책상에 들어온 AI, 다채로워진 AI 교육기술"

94 시사IN(2020.10.29), 전혜원, "인공지능이 교육 불평등을 해소할까"; 한경비즈니스(2020.9.9), 이현주, "'산타 토익 돌풍' 장영준 뤼이드 대표 '기술 DNA 없는 교육시

장, 데이터 과학으로 점령했죠'"; 중앙일보(2020.8.11), "뉴욕 가게에서 점원 만난 듯이 영어 공부, 'VR 교육은 30대보다 50대가 더 만족'"

95   중앙일보(2020.7.20), 유재연, "비대면시대는 새로운 교육의 출발점"

96   헬스조선(2022.5.6), 이슬비, "엄마는 신경질, 아빠는 무기력, 성격 바뀐 부모님, 왜?"

97   조선일보(2021.12.24), 이태동·오명언, "대체 무슨 일이 있었던 건가? 한국 자본주의는 망가졌다"

98   조선일보(2022.5.6), 김윤덕, "2022 다시 쓰는 젠더 리포트: 국민 67% '젠더갈등 심각'…한국 남녀, 왜 서로에게 분노하나"

99   EBS, "EBR 비즈니스 리뷰"(2020.12.8), 윤재웅, '미국 사과를 무릎 꿇린 중국의 이것'

100   중앙일보(2020.4.8), 장윤미, "'돈으로 안정을 산다' 시위 급증에 대처하는 중국식 해법"

101   조선일보(2020.4.6), 이벌찬, "중국 내부서 터져나온 경고 '노동자 2억 명이 실업자 될 것'"

102   중앙일보(2020.4.20), 유상철, "G7이 입은 손실만 4815조 원, '코로나 분풀이' 중국으로 향한다"

103   매일경제(2022.5.23), 신혜림, "침묵 깬 텐센트 회장, 제로 코로나 정책 비판글 SNS 공유"

104   조선일보(2020.4.6), 이벌찬, "중국 내부서 터져나온 경고 '노동자 2억 명 실업자 될 것'"

105   KBS1, "글로벌 다큐멘터리", '네트워크가 지배하는 세상'

106   한국경제(2020.4.20), 강경민, "코로나 핑계로 안면인식 추적까지, 21세기 빅브라더 등장"; 머니투데이(2020.4.20), 박수현, "감시강화, 이동통제, 코로나19 틈탄 민주주의 위기"

107   중앙일보(2020.4.23), 배정원, "미국 실업률 30% 달하면, 푸드뱅크 감당 못해 제2대 공황 온다"

BIG CHANGE

엔데믹 빅체인지 7